C+P Verlag

Wolfram Kopfermann

# Farbwechsel

## Ein Grundkurs des Glaubens

Den geistlichen Weggefährten
der Jahre 1978-1988
in bleibender Verbundenheit
gewidmet

9. Überarbeitete Auflage 2009



Titelbilder: photocase.com
Umschlagsgestaltung &
Gesamtherstellung: Johannes Kunkel
Druck: SCHÖNBACH-DRUCK GmbH, Erzhausen

ISBN 978-3-86770-008-5-

# Inhaltsverzeichnis

# Vorwort zur 1. Auflage

Natürlich weiß ich nicht, wie dieses Buch in Ihre Hände gelangt ist. Vielleicht stehen Sie zurzeit in einem Buchladen, sehen sich unter den Neuerscheinungen um und blättern jetzt gerade in meiner Schrift. Vielleicht hat ein Freund es Ihnen mit der Begründung geschenkt, es habe ihm geholfen. Vielleicht besuchen Sie irgendwo einen »Grundkurs des Glaubens«, zu dem diese Publikation empfohlen wurde. Vielleicht sind Sie ein Rezensent, der sich auf die kürzeste Art und Weise über mein kleines Opus ein Urteil bilden muss, das er dann veröffentlichen kann.

Falls Sie zur Theologenzunft gehören: dieses Buch wurde nicht für Sie geschrieben. (Ich gestehe freiwillig, dass ich noch einige Bücher in petto habe, die Sie als Kollegen interessieren könnten.) Wenn Sie Laie sind, aber zu den Insidern des Glaubens gehören: bei der Abfassung habe ich nicht an Sie gedacht. Hier liegt wieder einmal ein Versuch vor, Leuten eine Brücke zum Glauben zu bauen, die noch keine haben.

Mein »idealer« Leser ist also nicht kirchlich vorbelastet, war eventuell auch nie Kirchenmitglied oder ist schon vor langer Zeit »ausgetreten«. Es mag sich andererseits um einen Menschen handeln, der irgendeinen losen Kontakt zur Glaubensgemeinschaft seiner Eltern hat, aber doch spürt, dass der Glaube selber ihm immer fremd geblieben ist. Jedenfalls ist in ihm inzwischen so viel Interesse erwacht, dass er der Sache auf den Grund gehen möchte – ohne das Ergebnis zu kennen.

Vielleicht fragen Sie sich, woher ich wohl die Zuversicht nehme, Ihnen etwas Relevantes sagen zu können. Nun, den Kapiteln dieses Buches liegen Seminare zugrunde, die ich von 1977-1990 in Hamburg gehalten habe. An ihnen nahmen etwa 3000 Menschen teil. Hamburg gilt in Fachkreisen nicht gerade als ein Eldorado der Frommen. Wer zu den Seminaren erschien, kam nicht aus Tradition, sondern meist eingeladen durch Bekannte, deren Leben zum Positiven hin verändert worden war.

Was den Namen dieser Schrift angeht, so stand ich vor einem Problem. Bücher mit der Überschrift »Grundkurs des Glaubens« gibt es inzwischen häufiger. Ich musste also einen Obertitel finden, der eine Wiedererkennung ermöglicht. Unter vielen Vorschlägen gefiel mir am Ende die Anregung meines Sohnes Matthias am besten. Ich blieb ihr treu. Vermutlich wird der Name »Farbwechsel« hier und da einen Aufhänger für »witzige Sprüche« über das Buch oder seinen Autor abgeben. Zum Beispiel (um Sie ein bisschen anzuregen) ließe sich die Nähe zum Chamäleon ausnützen. Nein, um Anpassung als Überlebensstrategie geht es hier wirklich nicht. Farben besitzen für uns vielmehr eine psychologische Aussagequalität. Sie symbolisieren Trauer oder Freude, Schmerz oder Glück, Hoffnungslosigkeit oder Erwartung. In diesem Sinne meint »Farbwechsel« innere Wandlung.

Es ist meine Sehnsucht, dass – auch durch diesen Kurs – das Leben vieler Menschen in die Leuchtfarben des Glaubens eingetaucht wird.

Hamburg, im Sommer 1990
Wolfram Kopfermann

# Vorwort zur Neuauflage

Die Zielsetzung dieses Glaubenskurses hat sich gegenüber seinen Anfangsjahren nicht verändert, wohl aber das geistige Umfeld. In religiöser Hinsicht erscheint Deutschland heute noch vielgestaltiger als vor 20 Jahren. Auf dem Markt der Frömmigkeit finden sich mehr unterschiedliche Angebote als jemals zuvor. Auch sehr entschiedene Christen werden es lernen müssen, fremdartige Formen des Glaubens zu achten, wenn sie von ehrlicher Hingabe getragen sind.

Folgt man allerdings der vorherrschenden Einschätzung, so meinen alle religiösen Angebote „irgendwie" dasselbe. Diese Sicht teile ich nicht. Die christliche Botschaft hat ihr eigenes Profil. Niemand gewinnt bei dem Versuch, dieses zu verwischen. Der „Farbwechsel" ist ein Versuch, zu dem Glauben einzuladen, den der Mann aus Nazareth in die Welt gebracht hat. Ich hege nicht den Wunsch, „zeitgemäßer" zu sein als Jesus. Provozierte er seine Zeitgenossen, so sollte sich auch ein heutiger Glaubenskurs nicht auf Aussagen beschränken, die breiteste Zustimmung finden. Oft kann uns gerade die zunächst befremdliche Wahrheit weiterhelfen, wenn wir uns auf sie einlassen. So auch hier. Wie immer Sie dieses Buch nutzen: ich wünsche Ihnen von Herzen einen optimalen Gewinn!

Im Sommer 2009
Wolfram Kopfermann

KAPITEL 1

# *Ouvertüre A*

Soviel ist klar: In diesem Buch soll es um den Glauben gehen. Es wird also in eine religiöse Welt hineinführen. Sie werden, so hoffe ich, merken, dass es hier mit schnellen Antworten nicht getan ist. In den ersten beiden Kapiteln möchte ich sozusagen das Gelände vermessen, auf dem wir uns später bewegen wollen.

## 1. Warum interessieren sich Leute neu für den Glauben?

Dass Sie sich mit dieser Schrift beschäftigen, hat ja seine Gründe. Nach meinen Beobachtungen sind es vor allem drei Motive, die Menschen heute dazu bringen, sich erneut das alte Thema vorzunehmen.

## *A. Der Wunsch nach mehr Information*

In Deutschland gehört der Religionsunterricht bis heute zu den Fächern, die an verschiedenen Schultypen gelehrt werden (können). Viele Leser dieses Buches haben also in ihren frühen Jahren ein gewisses Quantum an Unterrichtsstunden über das Christentum hinter sich gebracht. Inzwischen glauben sie, das sei nicht ausreichend gewesen. Denn diese Zeit liegt entweder zu lange zurück, oder man erinnert sich, dass zu oft Stunden ausfielen, oder man vermutet, dass die Theologie, die man damals vermittelt bekam, heute veraltet ist, oder man glaubt selbstkritisch, dass man selber damals mit zu wenig Ernst an die Sache herangegangen ist und darum einfach zu wenig mitbekommen hat.

Kurz: Man möchte sich neu bilden, eine empfundene Informationslücke schließen. Auch die eigenen heranwachsenden Kinder können einen durch ihre vielen Fragen in Verlegenheit bringen. Die beziehen sich natürlich nicht alle auf die Religion, aber es gibt eben auch solche Nachfragen. Macht es nicht einen schlechten Eindruck, wenn man als Mutter oder Vater dann überaus häufig ausweicht oder blankes Nichtwissen eingestehen muss?

Von daher suchen manche – nicht zu ausführlich und nicht in der Sprache der Experten, aber selbstverständlich »nach dem heutigen Stand« – Basisinformationen, um eine Wissenslücke zu schließen.

Ich glaube schon, dass in diesem Bereich Informationen dringend erforderlich sind. Das Bildungsniveau, auf dem manche Leute sich in Sachen Religion zu Wort melden, würde sie auf anderen Gebieten, sagen wir im Bereich der Elektronischen Datenverarbeitung oder der Popmusik, für eine Beteiligung am Gespräch auch unter »Laien« disqualifizieren. Dennoch gibt es hier ein Problem. Es hängt mit dem Wesen aller Religion zusammen.

Religion, nicht nur das Christentum, ist zuerst und zuletzt eine Sache innerster Erfahrung, persönlichen Erlebens. Man muss nur auf die Anfänge zurückgehen, dann erkennt man das. Erst sekundär gibt es dann Formeln und Fakten. Alles, was man von Religion wissen kann, ist sozusagen Niederschlag, manchmal allerdings auch Verfallprodukt des ursprünglichen Lebens. Das Wissbare kann man lernen und hinterher abfragen. Man kann es sich objektiv, ohne Engagement des Herzens, aneignen. Auf das Leben muss man sich einlassen.

Mit dieser Grunderkenntnis macht der vorliegende Glaubenskurs ernst. Er enthält ohne Frage auch eine Fülle von Informationen, aber er wurde nicht geschrieben, um zu informieren. Falls Sie also nichts anderes suchen als Informationen, werden Sie sich vermutlich zunehmend unwohl fühlen. Sie werden sich vor die Entscheidung gestellt sehen, entweder Ihre persönliche Zurückhaltung aufzugeben und die Wirklichkeit des Glaubens an Ihr Herz heranzulassen, oder das Unternehmen etwas frustriert zu beenden.

### *B. Das Bedürfnis nach Lebenshilfe*

In einer ganz anderen Situation befinden sich Leute, die mit persönlichen Schwierigkeiten kämpfen und deshalb nach den Kräften des Glaubens Ausschau halten. Sie sind familiär, beruflich, finanziell, partnerschaftlich oder gesundheitlich in eine Krise geraten, haben verschiedene Hilfsangebote ausprobiert und nun durch Zeitungsartikel, ihren Arzt oder Freunde gehört, dass der Glaube hilft.

Ich finde, sie haben recht. Der Glaube ist tatsächlich eine unerschöpfliche Kraftquelle, von der die meisten Menschen leider keine Ahnung haben. Aber auch bei dieser Erwartungshaltung gibt es ein Problem. Ich nenne es den Wunsch nach rascher Symptombeseitigung.

Wer an bestimmten Stellen seines Lebens leidet, das heißt, inneren oder äußeren Schmerz empfindet, möchte dieses Leiden loswerden, am liebsten sofort. Er sucht sozusagen ein Medikament von der Art eines üblichen Kopfschmerzmittels. Man nimmt es ein und ist seine Kopfschmerzen nach verhältnismäßig kurzer Zeit los.

Bleiben wir einen Augenblick bei diesem medizinischen Vergleich. Stellen Sie sich bitte vor, Sie suchen ihren Hausarzt auf, er nimmt sich wirklich Zeit für Sie, untersucht Sie gründlich und sagt dann: »Sie können wahrscheinlich wieder gesund werden, aber wirklich nur, wenn Sie Ihr Leben gründlich umstellen.« Und dann legt er Ihnen einen Fahrplan vor, der tief in Ihre bisherigen Lebensgewohnheiten einschneidet. Statt Pillen-Umstellungen! Was würden Sie sagen?

Sie können in einem solchen Fall ausweichend erklären: »Ich will mir die Sache noch mal überlegen« und dann einen anderen Arzt aufsuchen, von dem Sie hoffen, dass er nicht so hart zur Sache kommt.

Vielleicht macht es Ihnen tatsächlich nicht soviel aus, wenn Sie »dann eben früher ins Gras beißen; irgendwann müssen wir ja alle aufhören, da kommt es auf ein Jahr mehr oder weniger auch nicht an.« Sie sind einfach nicht zu den einschneidenden Veränderungen bereit, die Sie auf den Weg der Gesundheit zurückbringen könnten.

Dieser Glaubenskurs, davon bin ich fest überzeugt, kann Ihnen bei der Lösung Ihrer Probleme wesentlich helfen, aber wahrscheinlich nicht so, dass er in erster Linie Symptome beseitigt. Wenn Sie sich auf ihn einlassen, kommt es zu einer Lebensveränderung. Die betrifft Ihr Leben in seiner ganzen Breite. Sie erfahren, dass Freude statt Langeweile oder Bedrückung, Mut statt Resignation, Kreativität statt Routine, ein neues Interesse an anderen Menschen statt Selbstabkapselung in Ihr Leben Einzug halten. Vielleicht fallen Ihnen dann Lösungen sozusagen in den Schoß, weil der Gott der Christen Wunder tut, oder aber Sie bekommen neuen Mut, vor Ihren Problemen nicht mehr wegzulaufen, sie vielmehr entschlossen und mit Vertrauen anzupacken.

### *C. Die Suche nach der Quelle*

Es könnte auch sein, dass keines der bisher genannten Motive Sie bewegt. Sie haben vielmehr in Ihrem Kollegen-, Freundes- oder Familienkreis einen Menschen getroffen, der sich seit einiger Zeit positiv verändert hat. Sie kennen ihn lange und gut genug, um das einschätzen zu können.

Anfangs glaubten Sie, er sei in einer besonders guten Stimmung, weil in seinem Privatleben irgend eine erfreuliche Veränderung eingetreten ist. Sie dachten sich, das werde sich schon wieder legen. Auffälligerweise hielt dann aber die Veränderung an. Das machte Sie neugierig. »Was ist bloß mit dir los?«

Der Bekannte erzählte daraufhin etwas von einem neuen Glauben, den er gefunden habe. Das Ganze hänge mit »Jesus Christus« zusammen.

Irgendwann gab er Ihnen den Rat, sich auf einen Grundkurs des Glaubens einzulassen ... Nun möchten Sie wissen, was wirklich dahintersteckt. Vielleicht erfahren Sie ja dort, woher diese neue Ruhe und Gelassenheit sowie die ungewohnte Fröhlichkeit Ihres Bekannten kommt. Nicht dass Sie besondere Probleme hätten; aber diese Quelle interessiert Sie. Glücklich sein will schließlich jeder, oder nicht?

Meines Erachtens ist dies ein uraltes und absolut einleuchtendes Motiv, sich auf den Weg zum Glauben zu machen. Ich wünsche Ihnen, dass Sie beim Suchen erfolgreich sind. Sie werden allerdings feststellen, dass das Glück des Glaubens sozusagen auch einen Preis hat. Dann müssen Sie sich darüber klarwerden, ob sie ihn entrichten wollen. Ihr Bekannter wird Ihnen versichern, dass dieser »Preis« geradezu lächerlich klein sei im Vergleich zu dem, was Ihnen dafür gegeben werde. Aber er kann Ihnen natürlich Ihre Entscheidung nicht abnehmen.

## 2. Wieviel »Weite« verträgt der Glaube?

Unser Land wird zunehmend »multireligiös«, das heißt, die großen Weltreligionen tragen ihre Angebote in unsere Städte hinein. Was man früher nur durch Buchlektüre oder durch Reisen kennenlernen konnte, lässt sich zunehmend in der Nähe des eigenen Wohnorts finden . Dies gilt besonders für die religiöse Welt Indiens und deren Ableger.

Diese Entwicklung ist meines Erachtens in einer pluralistischen Demokratie unvermeidlich. Unser Staat ist weltanschaulich neutral und kann infolgedessen das Christentum nicht monopolisieren. Für die Christen liegt darin eine neue Herausforderung. Sie müssen sich mit ihrem Angebot auf dem religiösen Markt behaupten. Wer wirklich von seiner Sache überzeugt ist, braucht vor diesem Wettbewerb keine Angst zu haben. Die ersten Christen befanden sich innerhalb des römischen Weltreichs in einer ganz ähnlichen Situation.

Für manche Zeitgenossen hat dieser neue Trend eine alte Vermutung verstärkt: dass nämlich alle Religionen irgendwie dasselbe meinen, es nur unterschiedlich ausdrücken. Sie wünschen sich infolgedessen, dass die Vertreter einer historischen Religion wie des Christentums »das Gemeinsame in allen Religionen betonen«. Wer nur seine eigene Sicht vertritt, erscheint dann leicht als eng.

Zu dieser Anregung ist mehreres zu sagen. Vor allem dies: ihre Voraussetzung stimmt nicht. Wenn man sozusagen aus der Nähe des Mondes auf die Vielzahl der Religionen herabblickt und sich dann bemüht, gemeinsame VORSTELLUNGEN herauszufinden, kann man sicher gewisse Erfolge verbuchen. Wenn man aber die Religionen nicht gedanklich-abstrakt, sondern in ihrer Realität betrachtet, dann entdeckt man, dass sie die Menschen in ihrem Denken, Fühlen und Handeln prägen. Um sie wirklich zu verstehen, darf man nicht nur fragen, welche Ideen sie vertreten, sondern auch, wie die Frömmigkeit aussieht und wie die Gestaltung des Alltags davon berührt wird. Jede Religion ist also ein Gesamtsystem, kein Steinbruch, aus dem man ein paar Ideen herausbrechen könnte. Und das Kennenlernen einer Religion bedeutet dann, dass man in ihr lebt – viele Jahre. Religionen lernt man nur von innen kennen .

Aus diesem Grunde hätten Sie überhaupt nichts davon, wenn ich zum Beispiel in meinem Glaubenskurs alle möglichen Positionen darstellen würde. Es gibt aber eine Religion, in der ich mich etwas auskenne, das ist die christliche. Sie ist nämlich seit Jahrzehnten die praktische Grundlage meines Lebens. Ich habe erlebt, wie viele Menschen durch sie verändert worden sind – zum Guten. Was ich über Fremdreligionen weiß, weiß ich von außen, durch bloße Information. Wenn Sie wirklich andere Religionen kennen lernen wollen, müssen Sie mit einer anfangen und ihr Jahre Ihres Lebens bis in den Alltag folgen.

Sie werden verstehen, dass es mein Ehrgeiz ist, gerade nicht einen Standpunkt über den Standpunkten einzunehmen, sondern so zuverlässig wie möglich zu beschreiben, was christlicher Glaube ist, wie man in ihn hineinkommt und in ihm wächst . Für die andere Aufgabe fühle ich mich schlicht inkompetent.

## 3. Wann stellt sich der Glaube ein?

Wer ernsthaft nach dem Glauben zu suchen beginnt, stellt häufig fest, dass er längere Zeit erfolglos bleibt. Er sucht, findet aber nicht. So kann es Ihnen auch bei der Beschäftigung mit diesem »Grundkurs des Glaubens« gehen. Sie nehmen sich Zeit, »graben sich hinein«, sprechen auch mit anderen, haben aber dennoch den Eindruck, dass Sie nichts wirklich begreifen (obwohl Sie Worte aufnehmen), dass die Dinge irgendwie bei Ihnen nicht zünden.

An Ihrer Begabung, das wissen Sie, muss es nicht liegen. Vielleicht hat man Ihnen mehr als einmal eine schnelle Auffassungsgabe bescheinigt. Diese Erfahrung verwirrt Sie. Vielleicht taucht auch irgendwann der Gedanke in Ihnen auf: nun interessiere ich mich schon einmal für Gott, was ja nun wirklich nicht alle tun. Statt mir ein bisschen entgegenzukommen, hüllt er sich in Schweigen.

Der Glaube »kommt«. Von unserer Seite aus ist er nicht planbar, machbar, erzwingbar. Jesus sagte zwar, wer suche, werde auch finden. Er sagte aber nicht: Das Tempo des Findens bestimmt ihr selbst. Die alte christliche Sprache redet von »Gnade«. Gemeint ist: das Wesentliche wird uns geschenkt. Die Bedingungen eines Geschenkes bestimmt der Geber. Ähnlich redet die christliche Tradition von »Erleuchtung«. Wir können dieses Licht nicht selber einschalten. Es fällt von oben in unser Leben, manchmal zu einem Zeitpunkt, der uns überrascht.

Ich sage all dies nicht, um Sie zur Resignation zu verleiten. Aber manchmal ist es Gott wichtig, uns deutlich unsere Grenzen spüren zu lassen. Er will, dass wir ehrlich bereit sind und unsere Angewiesenheit auf ihn erleben. Wer sucht, **WIRD** finden, aber zu Gottes Zeitpunkt.

Wenn Sie weiterlesen, werden Sie merken: Mit Passivität auf Ihrer Seite hat das beileibe nichts zu tun!

## 4. Wohin führt der Glaube?

Der Glaube liebt Bilder. Manche Leute suchen den bildlosen Begriff; angeblich befreit er den Glauben von zuviel Menschlichem. Das ist eine naive Denkweise! Abstrakte Begriffe sind, wenn es um den religiösen Bereich geht, nicht reiner als unsere lebendigen Bilder. Jesus und seine ersten Anhänger redeten in unvergesslichen Gleichnissen. Jesus wusste, warum.

Ich möchte diese Tradition aufnehmen und sie nach der märchenhaften Seite hin ausweiten. Die Märchen sprechen ja auch von unseren Sehnsüchten. Ich bin überzeugt: Die Welt des Glaubens IST etwas, wonach wir uns sehnen.

Was wir in diesem Grundkurs suchen, ist wie ein großes und wunderschönes Schloss mit langen Zimmerfluchten, in denen sich herrliche Möbel, Bilder und andere Schätze befinden. Das Schloss ist bewohnt. Es liegt abseits vielbefahrener oder begangener Straßen und Wege und ist auch in keiner der meistgekauften Karten eingetragen. Nur ein sehr alter Atlas aus dem 1. Jahrhundert unserer Zeitrechnung enthält Eintragungen über das Schloss. Dieser Atlas gilt aber unter manchen Experten als völlig überholt, auch wenn er immer noch verlegt und auch gekauft wird. Häufig bilden sich kleinere Reisegruppen, um dieses Schloss ausfindig zu machen. Man kann zwar mit öffentlichen Verkehrsmitteln in den Umkreis des Schlosses gelangen, muss aber die letzte Wegstrecke zu Fuß gehen, da das Schloss innerhalb eines seit Jahrhunderten nicht kultivierten Waldgebietes liegt. Für den letzten Abschnitt des Weges braucht man einige Geduld. Manchmal hat man ein nicht beweisbares Empfinden, man sei ganz in der Nähe des Ziels, aber nichts kommt in Sicht. Dann wieder stößt man auf Baulichkeiten, von denen etwas Anheimelndes ausgeht; kommt man aber näher, so sieht man gleich, dass es sich um geheimnislose Forsthäuser handelt. Entdeckt man endlich das gesuchte Schloss, so weist auch jetzt keine Beschilderung darauf hin, dass man am Ziel ist. Nur ein unabweisbares inneres Gefühl sagt einem, was man da vor sich hat.

Die Suche nach dem Eingangsportal gestaltet sich schwieriger, als man zunächst vermutet hatte, denn das ganze Schloss ist mit Efeu umwachsen. Es muss eine Tür geben, zumal man aus dem Inneren des Schlosses lebhafte menschliche Geräusche hört. Befindet sie sich an einer anderen Stelle als üblich? Endlich zeigt sich die Pforte unter dem Bewuchs. Sie ist verschlossen, aber seitlich entdeckt man einen kräftigen Klopfer. Darunter ein Schild: »Bitte nur einzeln klopfen, für Gruppen kein Eintritt«.

Die Wanderer schauen sich an. Zwei bleiben, drei andere entfernen sich schweigend wieder vom Schloss. Dann betätigt der erste den Klopfer. Er horcht zur anderen Seite des Portals hin. Keine Reaktion. Er klopft wieder. Schweigen. Er klopft ein drittes Mal. Nach sieben Versuchen geht die Tür auf. Eine helle Gestalt sagt: »Ich habe auf dich gewartet – lange gewartet. Komm herein. «

Als er drinnen ist, schließt sich die Tür von selber. Der Eingetretene dreht sich noch um, sucht mit den Augen den Reisegefährten, sieht dann aber nur noch die weite Eingangshalle. Er ist nicht allein, kennt aber die Leute nicht. Die Gestalt sagt: »Deine neue Familie.« Und dann: »Heute zeige ich dir das Schloss noch nicht.

Morgen fangen wir damit an. Du hast ja Zeit, viele Jahre. Die brauchst du auch.«

Der Eingetretene wird zum Tisch geleitet, auf dem das Essen wartet. Und er weiß, dass er niemals etwas anderes gesucht hat als dieses Schloss.

## Kapitel 2

# *Ouvertüre B*

Dieses Buch präsentiert sich als ein Grundkurs des Glaubens. Hier kommt also ein Begriff vor, der für die religiöse Welt zentral ist. Darum wird er auch viel gebraucht – oft völlig ungeklärt.

Nun, uns geht es nicht um irgendeinen, sondern um den christlichen Glauben. Von Kapitel zu Kapitel wird sich zunehmend mehr herausstellen, was damit genau gemeint ist. Aber eine erste Klärung kann nur nützlich sein. Bitte betrachten Sie einmal das Schaubild auf der nächsten Seite. Bei diesem stilisierten Baum lassen sich, wie auch sonst, Äste, Stamm und Wurzelwerk unterscheiden.

Bei dem Wort »**Glauben**« denken die meisten unserer Zeitgenossen an das, was hier auf der »Ebene« der Äste erscheint.

Der mittlere Ast symbolisiert die sogenannten **Dogmen**, also Glaubenssätze. Ohne Frage gehören sie zum Christentum. Ein zentrales Dogma lautet etwa: Gott existiert, »es gibt« ihn. Atheisten bestreiten das. Die Bibel, das maßgebliche Buch der Christen, geht selbstverständlich von der Existenz Gottes aus. Für sie sind es »die Toren «, die »in ihrem Herzen sagen: Es gibt keinen Gott« (Psalm 14,1).

Bei Dogmen handelt es sich um Überzeugungen. Man hält sie für wahr. Nur: Glaube ist das noch nicht. Ich gehe davon aus, dass sich bis heute in unserem Land eine Mehrheit für die Auffassung finden lässt, dass Gott existiert. Ändert sie irgend etwas an unserem Leben? Die Erfahrung lehrt: nicht unbedingt. Dogmen gehören zum Glauben, aber sie sind nicht dasselbe wie Glauben.

Der linke Ast ist mit dem Begriff **»MORAL«** überschrieben. Hier geht es also um unser Verhalten. Jede Religion prägt eine bestimmte Moral aus. Im Christentum spielt zum Beispiel die Liebe zu anderen Menschen eine auffällig große Rolle. Sie steigert sich bis zur Feindesliebe, die Jesus von seinen Anhängern erwartet. Ein anderes wichtiges Gebot ist der Ruf zur Versöhnung. Wenn Jesus die »Friedfertigen« selig preist, meint er die Friedensstifter. Schließlich erinnere ich an den Opfergedanken. Nicht die Selbstbehauptung, die Selbstdurchsetzung, die Selbstverwirklichung steht in der Werteskala des Christentums ganz oben, sondern das Opfer: die Hingabe an Gott und für die Menschen.

Keine Frage, dass diese Dinge wichtig sind. Für viele ist das Christentum eine Sache der Moral – sie ist gewissermaßen dessen zeitloser Kern. Ich möchte Sie als Theologe zunächst einfach informieren: Diese Sicht ist unzutreffend. »Glaube« **BEWIRKT** eine bestimmte Moral – aber Glaube **IST** nicht Moral.

Dann gibt es noch den rechten Ast, hier **»KULTUS«** genannt. Darunter verstehen wir sichtbare Frömmigkeitsübungen. Ganz wichtig ist dabei das Gebet. Man muss es von Meditation unterscheiden. Das Christen-

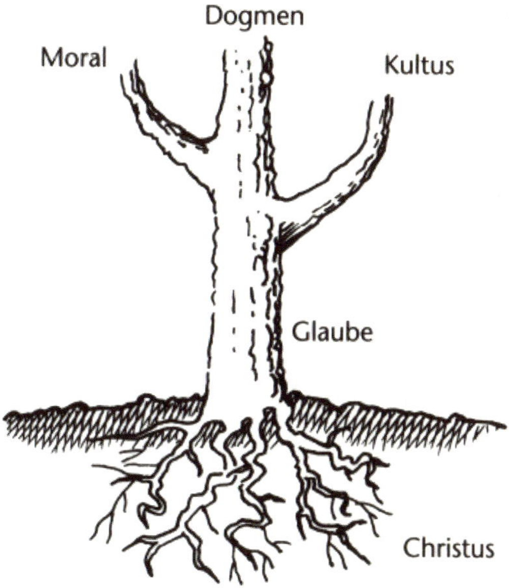


tum weiß viel zum Thema »Meditation« zu sagen, aber Gebet ist das Gespräch mit Gott. Dazu suchen die Menschen gewöhnlich ruhige Orte auf, an denen sie wenig Ablenkung erfahren . Zur Sammlung helfen auch bestimmte Gesten, etwa das Knien, das Falten der Hände, das Schließen der Augen. Man betet allein oder in Gemeinschaft mit anderen. Zum Kultus gehört auch jener Vorgang, den man »Gottesdienst« nennt. In eigens dazu bestimmten Räumen treffen sich die Menschen, um Predigten über Bibeltexte zu hören, religiöse Lieder zu singen, zu beten (darüber sprach ich schon) und an heiligen Handlungen wie Taufen oder Abendmahlsfeiern teilzunehmen.

Natürlich meine ich nicht, dass der Kultus aus dem Christentum entfernt werden könne. Ich möchte nur auf etwas hinweisen, was jeder aufmerksame Beobachter weiß: Der Kultus kann zur leeren Form erstarren. Ganze Schulklassen wurden schon zu Gottesdiensten »abkommandiert«! Kultus ist zwar nur im Glauben sinnvoll, aber durchaus auch ohne Glauben möglich.

Mit anderen Worten: Was innerhalb des Christentums am meisten ins Auge springt, die Behauptung von Dogmen, die Betonung einer bestimmten Moral, das Ausüben des Kultus, ist nicht schon Glaube, obwohl dieser sich darin ausdrücken **KANN**. Was aber ist dann Glaube?

Im Sinne unseres Schaubildes handelt es sich hier um den Stamm des Baumes. Zu den hilfreichsten Definitionen gehört meines Erachtens diese: »Glaube ist das Ergriffensein von dem, was mich unbedingt angeht « (Paul Tillich). Gemeint ist folgendes: Glaube ist eine Kraft, die die ganze Person integriert, die sich auf ihr Denken, Fühlen und Wollen auswirkt. Glaube fasziniert den Menschen, beflügelt ihn, lässt ihn Opfer bringen, bewegt ihn zur Lebenshingabe.

So verstanden ist Glaube natürlich nicht auf das Christentum beschränkt. Egal, was wir zum Beispiel heute über die Wahrheit des Kommunismus denken: Es gab in diesem Jahrhundert Tausende von Kommunisten mit einem eindrucksvollen Glauben. Für ihn gingen sie in die Gefängnisse, und viele erlitten den Tod. Bekanntlich hat das Christentum lange vorher seine Märtyrer gehabt. Ja, für die Kirche der ersten drei Jahrhunderte war die Verfolgung eine Dauererfahrung; innerlich war das nach Meinung vieler allerdings ihre beste Zeit. Mitläufer hatten es damals schwer. Ich sage dies nicht aus »idealistischen« Gründen sondern um am Beispiel des Martyriums klar zu machen, was Glaube ist: man **HAT** ihn nicht, man

LEBT ihn – mit allen Konsequenzen. Wenn Sie mir zum Beispiel sagen würden: »Ich habe auch meinen Glauben«, so müsste ich Ihnen antworten: »Gut. Und wie wirkt sich der auf Ihren Alltag aus?«

Gehen wir in unserem Schaubild noch mehr in die Tiefe. Das Wurzelwerk eines Baumes liegt, zumindest überwiegend, UNTER der Oberfläche. Aus dieser Tiefe bezieht der Baum seine Kraft! Vielleicht ist es eindrucksvoll zu hören, welches lebensgestaltende Potential echter Glaube besitzt. Aber der christliche Glaube lebt so wenig aus sich selbst wie ein Baumstamm seine Energien aus sich selber empfängt.

Das Wurzelwerk wird hier mit dem Begriff »Christus« umschrieben. Wahrscheinlich erinnern Sie sich bei diesem Wort zunächst an einen Religionsstifter. Keine Frage: Ohne Jesus von Nazareth, der der Christus (Messias) genannt wurde, gäbe es diese Religion nicht. Christen denken nach wie vor bei diesem Namen an eine einmalige historische Figur. Das ist aber nicht alles: Für sie beschreibt der Begriff auch so etwas wie eine gegenwärtige Wirklichkeit AUSSERHALB ihrer selbst, eine Art positives Kraftfeld. Das heißt: Die einmalige Gestalt ist nicht mit ihrem Tod in die Vergangenheit zurückgesunken, sondern heute gegenwärtig. In der alten Sprache: Christus ist »auferstanden«, An einer späteren Stelle dieses Buches werde ich erläutern, was dies heißt .

Sie merken, es wird schwierig. Hier geht es um den Bereich des Geheimnisvollen, Wunderbaren. Es gab viele Versuche, den Leuten das Christentum nahezubringen und sich dabei für das Wunderbare an ihm zu entschuldigen. Ich halte diesen Ansatz schlicht für Betrug. Wir können das Christentum nur so haben, wie es von Anfang an war. Präparieren Sie das Wunderbare hinaus, und Sie behalten Belanglosigkeiten zurück.

Das letzte Bemühen dieses Kurses ist folglich darauf gerichtet, Sie für das Geheimnis des Wunderbaren vorzubereiten. Nur wer zum Wurzelwerk des Christentums vorgedrungen ist, hat es wirklich erreicht. *Dann allerdings wächst ein starker Glaube, der sich in neuen Überzeugungen (Dogmen), in einem veränderten Verhalten (Moral) und in einer echten Frömmigkeit (Kultus) auswirkt.*

KAPITEL 3

# *Wozu lebe ich eigentlich?*

Vielleicht hatten auch Sie in Ihrer Schulzeit gelegentlich sogenannte Besinnungsaufsätze zu schreiben. Mag sein, dass dabei auch die Frage nach dem Sinn des Lebens eine Rolle spielte. Für Schüler ist es ja nicht immer einfach, die persönliche Überzeugung gegenüber dem durchzuhalten, was der Lehrer (vermutlich) von ihnen erwartet. Wie gut wäre es gewesen, wenn es für uns alle in jenen frühen Jahren eine echte Auseinandersetzung mit der Sinnfrage gegeben hätte! Also nicht nur als Denksport und Möglichkeit, vorbildliche Persönlichkeiten zu zitieren oder zu schildern, sondern wirklich existentiell.

Ehe ich mit meinen inhaltlichen Ausführungen fortfahre, möchte ich Sie gern zu einer ziemlich ernsthaften Übung einladen . Damit meine ich: Sie sollten dieses Buch, nachdem Sie meine kleine Aufgabe verstanden haben, beiseite legen und tatsächlich eine

Zeitlang über sie nachdenken.

Wie wir noch sehen werden, führt uns der eigene Tod nahe an die Sinnfrage heran. Auch Sie werden eines Tages tot sein. Mag sein, dass Sie keinerlei Lust verspüren, »schon heute« an dieses kommende Ereignis zu denken. Dennoch ist es unausweichlich.

Wenn die Dinge sich an dieser Stelle nicht grundlegend ändern, was ich für unwahrscheinlich halte, wird es nach Ihrem Ableben eine Abschiedsfeier geben. Dabei wird man, teils in der Friedhofskapelle bzw. am Grab, teils in schriftlichen Nachrufen oder beim Zusammensein der Angehörigen verschiedene Äußerungen über Sie machen.

Man wird wohl die eine oder andere Geschichte aus Ihrem Leben erzählen und versuchen, noch einmal Ihr Bild erstehen zu lassen. Was war das für ein Mensch? Worum ging es ihm (ihr)? Was wollte er (sie) mit seinem (ihrem) Leben?«

Und nun meine kleine Aufgabe: Formulieren Sie bitte in ein bis zwei Sätzen, was für Sie am wichtigsten im Leben war, was Sie mit Ihrem Leben letztlich wollten das also, von dem Sie wünschen, dass die anderen es Ihnen abgespürt hätten und worüber sie jetzt, anlässlich Ihres Todes, sprechen sollten.

Beispiel: *«Mein größtes Anliegen war es, meinem Mann eine liebende Ehefrau und meinen Kindern eine treu sorgende Mutter zu sein.«*

Wenn Sie diese Übung in einer Gruppe machen und sich hinterher anhören, was andere aufgeschrieben haben, werden Sie vielleicht staunen, wie viele unterschiedliche Antworten es an dieser Stelle gibt. Mag sein, dass Sie in Versuchung geraten, einer anderen Person zu sagen, ihre Auffassung sei »verkehrt«, Meiner Ansicht nach kann man schon beim eigenen Nachdenken, dann aber auch beim Austausch in einer

Gruppe mehr über die Sinnfrage lernen als beim bloßen Lesen eines abstrakten klugen Artikels.

Ich möchte Ihnen im folgenden ein paar Gesichtspunkte nennen, die mir beim Nachdenken über das Thema wichtig geworden sind.

## 1. Der Mensch muss sein Leben führen

Sie kennen diesen Ausdruck; er besitzt, so finde ich, mehr Tiefe, als wir uns meist klarmachen. Damit ist nämlich gesagt, dass sich unser Lebensweg nicht automatisch von innen her ergibt. Unsere Mitgeschöpfe, die Tiere, werden in ihrem Verhalten durch Instinkte gesteuert. Sie haben keine Entscheidungen zu treffen. Dass Tiere bis zu einem gewissen Grade lernfähig sind, ist bekannt, hebt aber diese Grundaussage nicht auf. Umgekehrt besitzt auch der Mensch noch Instinkte, doch erfordern sie gerade eine persönliche Steuerung, sind also kein sicherer Wegweiser.

Diese Notwendigkeit, das eigene Leben in die Hand zu nehmen und voll zu verantworten, ist Lust und Qual der Reifezeit. Die allermeisten Menschen haben ihr Leben lang gewisse Probleme damit. Wenn es für sie schwieriger wird, suchen sie andere, auf die sie die Verantwortung für ihr Leben abwälzen können. Doch die anderen »bedanken sich dafür«!

## 2. Der Mensch verfolgt im Laufe seines Lebens verschiedene Ziele

Bereits die Hartnäckigkeit, mit der ein Säugling seine Mutter aus dem Nebenzimmer »herbeischreit«, ist ein »gezielter« Einsatz. Später beeindruckt dasselbe Kind durch die Unermüdlichkeit, mit der es das Stehen auf den eigenen Beinchen und dann das Laufen übt; und eines Tages ist es dabei erfolgreich.

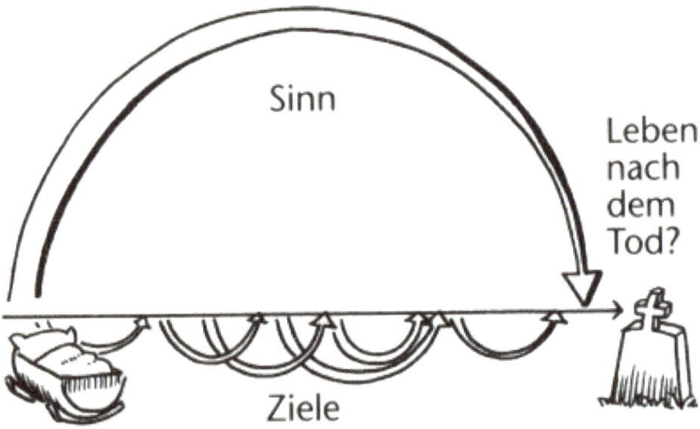


Vorausgesetzt, dieser Mensch erreicht ein normales Lebensalter, so jagt er im Laufe der Jahrzehnte unterschiedlichsten Zielen nach. Er versucht, so oder so, die Schulzeit hinter sich zu bringen, dabei aber möglichst Spaß, Freundschaften und irgendwann eine(n) feste(n) Freund(in) zu finden. Dann geht es wahrscheinlich um eine Ausbildung und später um den Einstieg in die Berufswelt. Je nachdem wird man danach eine Lebenspartnerschaft (oder Ehe), gegebenenfalls eine Familiengründung anstreben. Für manche ist das Erreichen einer hochgesteckten beruflichen Position eine jahrzehntelange Triebfeder. Nach Vierzig erreicht das Thema »Gesundheit« bei den meisten von uns eine hohe Aufmerksamkeit; später richten sich Phantasie, Pläne und Anstrengungen auf den Lebensabschnitt jenseits der aktiven Berufszeit.

Ist man einmal pensioniert oder in Rente, so kann es erstrebenswert sein, Dinge zu erleben, zu denen man bisher nicht kam (zum Beispiel Reisen). Wieder etwas später mag der Kampf um einen Platz in einem gut geführten Altersheim einen beschäftigen. Am absehbaren Ende der Lebensstrecke setzt vielleicht so etwas wie ein Betteln um ein paar Tage des Weiterlebens ein. Das Sterben beendet dann die diesseitigen Zielsetzungen.

## 3. Mit den genannten Zielen müssen wir uns auseinandersetzen

Es ist das Leben selber, das uns zwingt, uns mit den Zielen wie Schulabschluss, Beziehungen zum anderen Geschlecht, Berufswahl, Ausbildung, Lebenspartnerschaft, Karriere, Familiengründung bzw. Familiengröße, Gestaltung des Rentenalters usw. auseinanderzusetzen. Natürlich kann ein Mensch aus der Gesellschaft zeitweise oder dauerhaft aussteigen. Aber auch dann hat das Leben ihn zur Entscheidung gezwungen, selbst wenn er sie eben auf ungewöhnliche Weise trifft.

## 4. Beim Sinn des Lebens ist alles anders

### *A. Sinn gibt es nur in der Einzahl!*

Natürlich können wir den Plural »Sinne« bilden. Wir sprechen dann etwa davon, dass jemand seine fünf Sinne noch beieinander hat. Aber Sinn in der oben besprochenen Bedeutung gibt es für einen einzelnen Menschen nur im Singular. Man versteht das, wenn man die alte Wortbedeutung erfährt: »Sinn« heißt nämlich »Reise, Weg«. In der Tat: Ein Mensch kann zur gleichen Zeit nicht zwei verschiedene Wege gehen; er kann immer nur eine Richtung einschlagen. Richtungsänderungen sind dabei durchaus möglich.

### *B. Die Sinnfrage kann nicht allgemeingültig beantwortet werden*

Hier lässt sich also nichts beweisen. Jeder muss für sich entscheiden. Wenn jemand zum Beispiel dafür lebt, so vielen Leuten wie möglich Liebe zu schenken (und es gibt Leute, die genau dies ehrlich und für andere glaubwürdig wollen), so muss er es ertragen, dass andere ihn schlicht für »blöd« halten. Umgekehrt kann man vermutlich einen Menschen nicht von seiner Überzeugung abbringen, der in einer ehrlichen Stunde sagt, seine Karriere stehe für ihn »ganz oben an«, indem man ihn kritisch fragt, wie er denn damit umginge, wenn ihm morgen etwas zustieße und er arbeitsunfähig würde. Wir müssen akzeptieren, dass in einer freien Gesellschaft jeder das Recht hat und beansprucht, seine »Richtung« selber festzulegen.

### *C. Niemand zwingt mich zur inneren Klärung*

Vorhin sagte ich, dass die Konfrontation mit Lebenszielen uns durch das Dasein aufgezwungen werde. Das reicht bis in die Formulare hinein, die wir in diesem Land bei bestimmten Anlässen auszufüllen haben. Bei der Sinnfrage ist das ganz anders. Wir bekommen zum Beispiel unser Schulabgangszeugnis, ohne nachgewiesen zu haben, dass diese Frage von uns geklärt wurde. Wir dürfen heiraten, ohne dass ein Standesbeamter uns auffordert, in einer leeren Fragebogenspalte die Position »Lebenssinn« auszufüllen. Wir dürfen Kinder haben und erziehen, ohne dass irgend jemand vorher herausfindet, wie wir zu diesem Problem stehen.

Bitte verstehen Sie mich richtig: Öffentliche »Nachweise« in dieser Angelegenheit sind das Letzte, was ein Demokrat wünschen kann. Ich möchte nur auf den sonderbaren Tatbestand aufmerksam machen, dass wir jahrzehntelang dahinleben können, ohne auch nur einen Tag lang radikal gefragt zu haben: Und **WOZU** lebe **ICH** eigentlich?

### *D. In Krisen bricht die Sinnfrage auf*

Bisher habe ich allerdings eine Seite der Wahrheit unerwähnt gelassen: Oft holt uns die Sinnfrage doch noch ein, wenn auch von der negativen Seite her! Sie kann nämlich aufbrechen, wenn wir in Lebenskrisen geraten. Ich denke an bedrohliche Krankheiten, zerbrochene menschliche Beziehungen, an missglückte Prüfungen, Arbeitsplatzverluste, Todesfälle im nächsten Umkreis. Da können dann »Welten zusammenbrechen«. Menschen schreien auf: »Was hat das Leben jetzt noch für einen Sinn?«

Es lohnt, über solche Erfahrungen gründlich nachzudenken. Da gab es bisher so etwas wie fraglose Gewissheiten, da verließ man sich auf einen Grund, der einen tragen sollte. Jetzt wankt dieser Grund. Ich verließ mich zum Beispiel auf meine Begabung. Aber die nichtbestandene Prüfung scheint zu sagen: Du kannst ja nichts . Da lebte ich als Mutter ausschließlich für meine noch unverheiratete Tochter. Aber nun ist sie fort; wer braucht mich noch? Da war ich ein sogenannter Erfolgstyp.

Aber nach dem schweren Unfall kann ich vielleicht nie mehr so arbeiten wie früher. Woher nehme ich jetzt meine Selbstachtung?

Jede solche Krise stellt mir die Frage: War das, was du – vielleicht unbewusst – bisher als deinen Lebenssinn betrachtet hast, verlässlich, stabil genug? Oder hattest du letzten Endes auf Sand gebaut?

Deshalb glaube ich, dass wir in gewissem Umfang unsere Krisen brauchen. Sie sind die großen Chancen zum Umdenken, zur Neuorientierung unseres Lebens. Wenn der alte Boden nicht mehr trägt, sollte ich dann nicht nach einem besseren Fundament suchen?

## *E. Was bedeutet der Tod?*

Es war kein Zufall, dass ich Sie am Beginn dieses Kapitels eingeladen habe, Ihren Tod ins Auge zu fassen. Vielleicht haben Sie das schlicht als eine Unverschämtheit empfunden. Möglicherweise beschlossen einige verärgerte Leser sogar, nicht weiterzulesen. In unserer Gesellschaft sind Sterben und Tod weithin verdrängt worden. Wir haben ihn in die Kliniken abgeschoben, weisen unsere nächsten Angehörigen normalerweise auf ihr nahes Ende **NICHT** hin und weigern uns sogar innerlich, davon zu sprechen, ein naher Mensch sei heute morgen »GESTORBEN«; nein, er oder sie ist »EINGESCHLAFEN«.

Und doch ist bereits unsere Sterbestunde so etwas wie ein Filter. Ich glaube: Was im Tod keinen Bestand hat, war auch im Leben nicht tragfähig. Würden Sie mir zustimmen?

In diesem Zusammenhang noch ein letzter Gedanke. Es ist für die Sinnfrage wesentlich, ob der Tod das ENDGÜLTIGE VERLÖSCHEN jedes Menschen bedeutet oder nicht. Sie wissen vermutlich, dass die christlichen Kirchen dies NICHT glauben. Der Gedanke an »Himmel« und »Hölle« setzt ja voraus, dass mit dem Tod nicht alles vorbei ist. Natürlich müssen Sie allein entscheiden, welcher Auffassung Sie sich anschließen. Ich kann hier nur so viel sagen: FALLS es ein Leben nach dem Tod oder gar die Wirklichkeiten gibt, die mit den alten Worten »Himmel« und »Hölle« eigentlich gemeint sind, stellt sich die Sinnfrage total anders dar, als wenn der Mensch im Sterben verlöscht.

Letzten Endes führt die Sinnfrage zu religiösen Problemen hin!

KAPITEL 4

# *Der Gott Jesu von Nazareth*

Die entscheidende Frage des Christentums ist nicht, ob ein höchstes Wesen, genannt »Gott«, existiert. Diese Gewissheit teilt es nämlich mit anderen Religionen. Nehmen wir einmal an, wir wären uns über Gottes Existenz einig. Dann wäre noch längst nicht klar, wie, genauer gesagt, **WER GOTT IST**.

Gesetzt den Fall, wir hätten uns überzeugen lassen, dass es dieses höchste Wesen – nennen wir es meinetwegen den Architekten des Weltalls – gibt, dass es aber ein grausamer Tyrann ist, dem es nur darum geht, Menschen Leid zuzufügen. Möchten Sie es dann näher kennenlernen? Wäre nicht der Wunsch verständlich, es sich so weit wie möglich vom Leibe zu halten?

Es ist natürlich jedermanns Recht, über Gottes Eigenschaften Vermutungen anzustellen. Das Christentum geht von der Überzeugung aus, dass es eine geschichtliche Gestalt gibt, die kompetent war, Gottes

Wesen zu offenbaren, weil sie ihn wie niemand sonst kannte. Ich spreche von Jesus von Nazareth. Wir glauben, dass er in einer ununterbrochen heilen Beziehung zu Gott stand. Er **SPEKULIERTE** nicht, er wusste! Und was er **WUSSTE**, gab er an seine Hörer weiter.

Jesus erfüllte diese Aufgabe allerdings nicht so, dass er Definitionen Gottes anbot. In vielen Lebensbereichen sind Definitionen notwendig. Auch in der Welt des Glaubens haben Definitionen ihr begrenztes Recht, nur rühren sie gewöhnlich unser Herz nicht an.

Die religiöse Sprache liebt Bilder und Geschichten. Auch Jesus lehrte deshalb auf eine solche Weise. Zum Beispiel erzählte er Gleichnisse. Eines seiner schönsten wird das »Gleichnis vom verlorenen Sohn« genannt. Aus Gründen, die ich später nennen will, bin ich über diese Bezeichnung nicht besonders glücklich. Wenn schon »verloren«, würde ich lieber von den **BEIDEN** verlorenen Söhnen sprechen. Allerdings fände ich es am passendsten, die Geschichte würde »das Gleichnis vom liebenden Vater« genannt.

Hören wir uns zunächst die Geschichte einmal an. Ich zitiere nach einer Übersetzung mit dem Namen »Die Gute Nachricht«. Der Text steht im Lukasevangelium, Kapitel 15, 11-32:

*Ein Mann hatte zwei Söhne. Der jüngere sagte: »Vater, gib mir den Teil der Erbschaft, der mir zusteht!« Da teilte der Vater seinen Besitz unter die beiden auf. Nach ein paar Tagen machte der jüngere Sohn seinen ganzen Anteil zu Geld und zog in die Fremde. Dort lebte er in Saus und Braus und verjubelte alles. Als er nichts mehr hatte, brach in jenem Land eine große Hungersnot aus; da ging es ihm schlecht. Er fand schließlich Arbeit bei einem Bürger des Landes, der schickte ihn zum Schweinehüten aufs Feld. Er war so hungrig, dass er auch mit dem*

*Schweinefutter zufrieden gewesen wäre; aber selbst das verwehrte man ihm. Endlich ging er in sich und sagte: »Die Arbeiter meines Vaters bekommen mehr, als sie essen können, und ich werde hier noch vor Hunger umkommen. Ich will zu meinem Vater gehen und zu ihm sagen: Vater, ich bin vor Gott und vor dir schuldig geworden; ich verdiene es nicht mehr, dein Sohn zu sein. Nimm mich als einen deiner Arbeiter in Dienst!«*

*So machte er sich auf den Weg zu seinem Vater. Der sah ihn schon von weitem kommen, und voller Mitleid lief er ihm entgegen, fiel ihm um den Hals und küßte ihn. »Vater«, sagte der Sohn, »ich bin vor Gott und vor dir schuldig geworden, ich verdiene es nicht mehr, dein Sohn zu sein!« Aber der Vater rief seine Diener: »Schnell, holt das beste Kleid für ihn, steckt ihm einen Ring an den Finger und bringt ihm Schuhe! Holt das Mastkalb und schlachtet es! Wir wollen ein Fest feiern und uns freuen! Mein Sohn hier war tot, jetzt lebt er wieder. Er war verloren, jetzt ist er wiedergefunden.« Und sie begannen zu feiern.*

*Der ältere Sohn war noch auf dem Feld. Als er zurückkam und sich dem Haus näherte, hörte er das Singen und Tanzen. Er rief einen der Diener herbei und fragte, was da los sei. Der sagte: »Dein Bruder ist zurückgekommen, und dein Vater hat das Mastkalb schlachten lassen, weil er ihn gesund wieder hat» Da wurde der ältere Sohn zornig und wollte nicht ins Haus gehen. Schließlich kam der Vater heraus und redete ihm gut zu. Aber der Sohn sagte zu ihm: »Du weißt doch: all die Jahre habe ich wie ein Sklave für dich geschuftet, nie war ich dir ungehorsam. Was habe ich dafür bekommen? Mir hast du nie auch nur einen Ziegenbock gegeben, damit ich mit meinen Freunden feiern konnte. Aber der da, dein Sohn, hat dein Geld mit Huren durchgebracht; und jetzt kommt er nach Hause, da schlachtest du gleich das Mastkalb für ihn.« »Mein Sohn«, sagte da der Vater, »du bist immer bei mir, und dir gehört alles, was ich habe. Wir konnten doch gar nicht anders als feiern und uns freuen. Denn dein Bruder war tot, jetzt ist er wieder am Leben! Er war verloren, aber jetzt ist er wiedergefunden!«*

Es liegt nun nahe, die Aufmerksamkeit sofort auf den jüngeren Sohn zu richten. Diese Gestalt ist recht farbig gezeichnet. Verständlicherweise hat er manche Künstler zu eigener Ausgestaltung angeregt. Aber der Vater ist insofern wichtiger, als Jesus mit ihm GOTT nahebringen wollte, Gott, wie er ihn kennt. Vier Züge am Bild des Vaters fallen mir auf.

## Zunächst: Der Vater schenkt Erfüllung

Als der jüngere Sohn in der Fremde zur Besinnung kommt, erklärt er: »Die Arbeiter meines Vaters bekommen mehr, als sie essen können« (Vers 17). Das ist eine Aussage über den erstaunlichen Reichtum des Vaters, aber auch über seine Großzügigkeit. Später, so heißt es in der Erzählung, wird ein rauschendes Fest gefeiert. Dieser Vater kann sich das offenbar leisten – sowohl von seinen Möglichkeiten als auch von seiner Einstellung her. Er gönnt seinen Leuten das Beste.

Wir wollen im Auge behalten, dass Jesus im Bild des Vaters Gott beschreibt. Dann lautet die Aussage Jesu: Der Gott, den ich kenne und mit dem ich euch vertraut machen möchte, hält ein reiches, schönes, erfülltes, glückliches Leben für euch bereit. Bei ihm braucht ihr keinen Mangel zu leiden. Es soll euch an nichts Wesentlichem fehlen.

## Zweitens: Der Vater gibt frei

Es muss doch auffallen, dass er auf die ziemlich ungehörige Bitte seines jüngeren Sohnes (der Sohn entschuldigt sich später ja dafür) sofort eingeht. Er lässt ihn ziehen ohne Belehrungen, Warnungen, Drohungen. Selbstverständlich kennt er den Ausgang des Unternehmens. Alles, was der Sohn gerade tut, ist falsch und wird ihm schwer schaden. Der Vater weiß das. Und doch hält er ihn nicht zurück. Der Sohn muss seine Freiheit bewähren, selbst wenn er sie missbraucht. Beeinflussungs- und Überredungsversuche helfen nicht.

Ohne Bild: Der Gott Jesu lässt uns die Freiheit. Er erzwingt keine Verehrung, keinen Glauben, keine Liebe, keinen Gehorsam. Es mag sogar sein, dass wir dunkel spüren, wie wenig wir dieser Freiheit wirklich gewachsen sind. Manchmal wäre es uns vielleicht ganz lieb, wenn er uns an den Schultern packen und kräftig schütteln oder uns direkt hindern würde, etwas Sinnloses zu tun.

»Ein bisschen Zwang kann nicht schaden.« Oh doch: In den Fragen, um die es hier geht, schadet der geringste Zwang.

Wie viele fromme Eltern oder Erzieher »wollten nur das Beste« für die ihnen Anbefohlenen. Aus Sorge, die Kinder oder Jugendlichen könnten ihre Freiheit missbrauchen, übten sie groben oder feinen Zwang aus. Nicht etwa in Erziehungsfragen, wo es ohne Zwang nicht geht, sondern in Glaubensangelegenheiten. (Die Unfähigkeit, die Verschiedenartigkeit dieser beiden Bereiche zu erkennen, spricht Bände!) Dies geschah in Klosterschulen, also auf katholischer Seite, oder in »pietistischen« Elternhäusern, also bei Evangelischen – um nur zwei Beispiele zu nennen. Die Folgen waren verheerend. Denn auf diese Weise prägte sich ein falsches Gottesbild ein. Sobald die Jugendlichen dann selber entscheiden konnten, wandten sie sich von einem solchen Glauben ab – häufig für immer.

Wenn Sie Erfahrungen dieser Art gemacht haben, bitte ich Sie: Schieben Sie die Fehler des göttlichen Bodenpersonals nicht dem **HERRN** in die Schuhe. Er hat damit beileibe nichts zu tun. Nein, Glaube gedeiht wie die Liebe nur auf dem Boden der Freiwilligkeit. Zwang bringt ihn um. Und wenn Sie ihn früher einmal in Verbindung mit Manipulation erlebt haben, erwartet Sie eine wunderbare neue Freiheit.

## Drittens: Der Vater kommt entgegen

Eine liberale Haltung **KANN** ja auch einer sehr kühlen Einstellung entspringen: »Tu, was du für richtig hältst; mir ist das sowieso egal.«

Hier begegnet uns einer, der anders empfindet. Von ihm sagt Jesus: »Der sah ihn (gemeint ist: den heimkehrenden Sohn) schon von weitem kommen, und voller Mitleid lief er ihm entgegen, fiel ihm um den Hals und küsste ihn« (Vers 20). Dass der Vater den Jungen schon von weitem kommen sah, setzt wohl voraus, dass er regelmäßig nach ihm Ausschau gehalten hat. Er hatte ihn ersehnt! Und dann spricht Jesus von einem Verhalten, das seine damaligen Zuhörer noch ganz anders aufhorchen ließ als uns heutige. Der Vater, also ein jüdischer Patriarch, läuft dem Sohn entgegen. Es ist schier unglaublich, was Jesus mit ein paar Worten ausdrücken kann. Wenn hier überhaupt einer läuft, so sollte man denken, wäre es der Sohn;

den Vater würde ich mir eher reserviert-abwartend vorstellen.

Die »Übersetzung« ist nicht besonders schwer. Wenn sich in dem Vater Gott präsentiert, so heißt das: Er empfindet eine herzliche, warme, anteilnehmende, uns nicht nur »entgegenkommende«, sondern entgegenlaufende, sehnsüchtige Liebe für alle geistlichen Heimkehrer. Martin Luther hat es so ausgedrückt: Gott ist ein glühender Backofen voller Liebe.

Diese Liebe hat übrigens geradezu mütterliche Züge. Weil der Vater ein Mann ist, folgern wir schnell, zu schnell: Gott ist männlich. Aber wer das Mütterliche in Gott nicht entdeckt, sucht es verständlicherweise anderswo und höhlt damit leicht seinen Glauben aus. In der Bibel hören wir Gott sagen: Ich will euch trösten, wie einen seine Mutter tröstet (Jesaja 66,13).

## Viertens: Der Vater verzeiht

Irgendeine Vorstellung von Verzeihung hat jeder von uns. Doch was ist das eigentlich: Verzeihen? Verständnis für den anderen aufbringen, weil mir die Sache auch hätte passieren können? Möglichst nicht mehr an ein Leid denken, das einer mir angetan hat? Dem anderen versichern, dass man selber zumindest bemüht ist, es nicht mehr übel zu nehmen?

Die Art, wie der Vater in Jesu Gleichnis verzeiht, ist qualitativ anders. Ob Menschen das ohne weiteres so können, bleibt besser offen. Aber der Vater soll ja Gott verkörpern.

An seinem Vergeben fällt zunächst auf, dass er die Entschuldigung seines Sohnes nicht im entferntesten genießt. Ja, er hört sie gar nicht bis zum Ende an.

Dann springt ins Auge, dass mit der Verzeihung jede Distanz aufgehört hat. Umarmung und Kuss machen das deutlich.

Ferner erkennt man, dass der Sohn schlagartig seine früheren Rechte zurückbekommt. Er muss sich nicht erst »bewähren«, also allmählich hocharbeiten. In dem Moment, wo er in den Armen seines Vaters liegt, ist seine Vergangenheit restlos durchgestrichen.

Schließlich: Die Freude des Vaters geht so tief, dass ihm nach Feiern zumute ist. Und wie!

So also ist Gott. Jesus hat seinen Charakter, sein Wesen beschrieben. Und die Christen aller Jahrhunderte haben ihm – leider muss ich hinzufügen: mehr oder weniger – geglaubt.

Viele allerdings gar nicht! Für sie ist das alles Poesie, hübsch anzuhören, aber leider absolut »weltfremd«.

Auf den ersten Blick erkennt man nicht, wie abenteuerlich diese Argumentation ist: Gott kann nicht so sein, wie Jesus ihn präsentiert, weil die Welt, das Leben, diesem Gottesbild widersprechen.

Die Welt, wie wir sie als Erwachsene kennenlernen, das Leben, wie es uns begegnet, unsere breite Erfahrung lehren uns, dass es Ungerechtigkeit, entsetzliches Leid, unaufhellbare Sinnlosigkeit gibt. Wie kann Gott liebevoll, ja mütterlich-bergend sein?

Sie sehen: Hier wird direkt von der Beschaffenheit der Welt auf den Charakter Gottes geschlossen. Ein solcher Rückschluss wäre aber nur möglich, wenn die vorfindliche Welt unmittelbar dem Willen Gottes entspräche. Das ist jedoch nach christlicher Auffassung nicht der Fall. Ebensowenig, wie der Vater im Gleichnis verantwortlich ist für das Elend seines gescheiterten

Sohnes, ist Gott direkt verantwortlich für alles Leid der Welt.

Das sehen viele Leute ein. Gut, sagen sie, direkt verursacht hat Gott dann einen Großteil des Leides nicht. Aber zugelassen! Und warum verhindert er es nicht? Warum schützt er nicht wenigstens die Unschuldigen? Und was ist mit den Naturkatastrophen wie Überschwemmungen oder Erdbeben?

Statt mich in die unsinnige Rolle eines Verteidigers Gottes zu begeben, möchte ich im folgenden auf ein normalerweise übersehenes Problem hinweisen. Zunächst aber bleibe ich dabei, dass der Rückschluss vom Charakter der Welt auf den Charakter Gottes nur möglich wäre, wenn wir die Welt als einen kristallklaren Spiegel Gottes betrachten dürften. Dies hat das Christentum nie behauptet. Aber Gott aus der Welt sozusagen völlig herauszuhalten: Das geht offenbar auch nicht, solange man daran festhält – und die Christen tun es – dass Gott in der Welt wirkt. Die Frage, warum Gott bestimmte Dinge zulässt, ist quälend, und nicht etwa bloß für Ungläubige. Das größte Problem in dieser Situation ist **NICHT**, wie unsereins den guten Ruf Gottes retten kann. Wenn klar ist, dass niemand beim Betrachten der Welt zu dem Schluss gekommen wäre, dass dahinter ein liebender Vater steht, so lautet die Frage: Woher haben die Gläubigen dann dieses helle Gottesbild?

Nun kann man die Christen einschließlich ihres Stifters Jesus natürlich für hoffnungslose Träumer halten. Sie hätten dann, um die Realität ertragen zu können, einen liebevollen Vater erdacht, sozusagen zur Kompensation. Wie aber, wenn Jesus die Wahrheit gesagt, also das Wesen Gottes zutreffend beschrieben hätte? Angenommen, wir hätten nur deshalb so große Probleme mit den hellen Aussagen über Gott, weil wir so weit von ihm entfernt sind?

Stellen Sie sich vor, Sie hätten über irgendeine Person stets nur Gerüchte gehört, und zwar durchgängig schlechte. Nun aber kämen Leute, die einen glaubwürdigen Eindruck machen. Sie versichern, sie hätten die Möglichkeit gehabt, über einen längeren Zeitraum die umstrittene Person näher kennenzulernen und müssten jetzt aussagen, dass es sich um bewusst verbreitete, lügnerische Gerüchte handle. Die angegriffene Person sei in Wirklichkeit ganz anders, und jedermann könne das selber herausfinden, wenn er sich ausreichend Zeit nehme – was würden Sie tun?

Ich habe keinesfalls vor, Ihre Reserve Gott gegenüber durch solche Gleichnisse vom Tisch zu fegen. Es würde mir im übrigen ja auch bei ernsthaften Erwachsenen nicht gelingen. Das Misstrauen gegen Gott steckt uns ja in den Knochen! Es wäre aber einiges gewonnen, wenn Sie vielleicht nicht mehr ganz so sicher nachsprächen, was »die Leute« so sagen.

Ich nehme den restlichen Inhalt dieses Buches vorweg: **WENN** Sie sich auf den Weg einlassen, den dieser Kurs beschreibt, werden Sie Gott persönlich kennenlernen. Sie werden dann Jesus recht geben: Gott **IST** ein liebender Vater.

Vorher muss aber noch einiges geklärt werden. Wir müssen vor allem anfangen zu begreifen, was **SÜNDE** ist. Denn solange **SÜNDE** uns beherrscht, sehen wir Gott wie selbstverständlich in den schwärzesten Farben.

## Kapitel 5

# Die Sache mit der »Sünde«

Am Ende des letzten Kapitels habe ich, etwas unvorbereitet, von »Sünde« gesprochen. Ich könnte mir denken, dass dieses Stichwort Sie nicht gerade begeistert hat. Dann sind wir uns ja einig. Nur: Wer sich für den christlichen Glauben interessiert, muss sich auch auf dieses Thema einlassen. Kurz gesagt: Es benennt nämlich die Krankheit, die der Glaube heilen soll.

»Sünde« und »Krankheit« haben tatsächlich eins gemeinsam: Wer nicht muss, redet nicht gern darüber. Beides sind ja Negativbegriffe. Allerdings kann Krankheit unser Leben zerstören. Man muss sie bekämpfen, wenn einem das Leben lieb ist. Der Arzt, der die hässliche Diagnose »Krankheit« stellt, ist deshalb noch lange nicht unser Feind. Er wird uns sofort – oder, in manchen Fällen, sobald wie möglich – sagen, was geschehen kann, damit Heilung oder wenigstens Besserung eintritt. Ähnliches gilt beim Thema Sünde.

Sie hat zunächst unsere Beziehung zu Gott, dann aber auch zu uns selber und zu unseren Mitmenschen »stark angegriffen«. Sie ist äußerst gefährlich. Aber es gibt Abhilfe.

Mit dem letzten Satz bin ich dem Gedankengang vorausgeeilt. Zunächst müssen wir nämlich klären, was »Sünde« im Sinne des Christentums tatsächlich meint. Dazu kann uns das Verhalten der beiden Söhne in Jesu Gleichnis helfen. Ja, der **BEIDEN** Söhne!

Ich beginne mit einer einfachen Definition: Sünde ist Distanz. Genauer gesagt: Selbstgewählte Distanz zu Gott. Der Sünder hat sich also von Gott entfernt, er hat ihm den Rücken gekehrt. Dabei lassen sich nun, diesem Gleichnis zufolge, vier Stationen unterscheiden.

## Station 1: Misstrauen

Man muss sich ja fragen: **WARUM** verlässt der jüngere Sohn den Vater? Warum kehrt er **DIESEM** Vater den Rücken?

Wir haben uns im letzten Kapitel eine Zeitlang mit dem Charakter des Vaters beschäftigt. Wenn die Beobachtungen, die wir dabei angestellt haben, stimmen, dann ist die selbstgewählte Trennung seltsam. Der Junge hatte es doch gut zu Hause. Ihm fehlte nichts.

Es muss also bestimmte kritische Überlegungen gegeben haben, die er anstellte. Es muss eine Stimme gegeben haben, die ihm erzählte, wie schlecht alles bei seinem Vater sei. Ich nenne sie die Stimme des Misstrauens. Sie sprach wohl von Enge und Unfreiheit, die er zu Hause aushalten müsse. Sie sagte, dass der

Vater »autoritär« sei und dass man bei ihm nichts zu melden habe. Das Glück, so behauptete diese Stimme, könne nur draußen, irgendwo in der Ferne, gefunden werden. Fatalerweise glaubte der Sohn dieser Stimme. Sie sollte nicht recht behalten. Misstrauen also war es, das anfänglich den Sohn vom Vater wegzog .

Dann gibt es allerdings eine frappante Parallele. Erinnern Sie sich an die alte Geschichte von Adam und Eva im Paradies? Sie findet sich ganz am Anfang der Bibel, genauer gesagt, auf ihren ersten Seiten (1. Mose, Kapitel 3). Die Menschen, so wird dort gesagt, hatten alles, was sie brauchten, ja mehr als genug. Als Bild für diese Lebensfülle dient die Rede vom »Garten Eden«. Sie befanden sich in Harmonie mit der Natur, miteinander und, sehr wichtig, mit ihrem Schöpfer. So lebten sie, buchstäblich, in einer heilen Welt. Gott hatte ihnen allerdings eine Grenze gesetzt. Von einem bestimmten Baum sollten sie nicht essen. Die Übertretung dieses Gebotes würde ihren Tod bedeuten.

Dann war da plötzlich die Stimme der Skepsis – die Schlange. Sie träufelte Misstrauen in die Beziehung der Menschen zu ihrem Gott. Sie behauptete: Das Beste enthält Gott euch vor. Er tut das aus Missgunst. Folgt meinem Rat, esst von dem Baum, dann wird es euch besser gehen. Dann werdet ihr alles haben, was euch jetzt noch fehlt.

Die Stimme tat fürsorglich, teilnahmsvoll. In Wirklichkeit sprach hier der Feind allen Glücks. Das Ergebnis: Das Versprochene trat nicht ein. Was allerdings eintrat: Ernüchterung, Schamgefühle, ein Sich-Verstecken, Angst vor Gott, feige Ausreden. Später: Die Vertreibung aus der Nähe Gottes (aus dem »Garten Eden«), eine Lawine des Unglücks, das damit beginnt, dass der Bruder den Bruder umbringt.

Auch hier als Wurzel allen Übels: das Misstrauen gegen Gott.

Damit nicht genug. Schauen wir uns einen Augenblick lang den älteren Sohn des Jesusgleichnisses an. Er ist zu Hause geblieben. Er sagt zum Vater über sich selber: »Nie war ich dir ungehorsam« (Lukas 15,29). Der Vater tadelt ihn wegen dieser Aussage nicht. Soweit hat der ältere Sohn also die Wahrheit gesagt. Trotzdem ist seine Beziehung zum Vater so gestört, dass ich von einer tiefen Vertrauenskrise sprechen möchte. Ja, das Misstrauen sitzt auch bei ihm tief. Es ist nicht offen ausgebrochen, hat ihn aber innerlich verbittert. Er hat mit dem Vater unter einem Dach gelebt, ist ihm aber in Wirklichkeit entfremdet. Hören Sie sich bitte noch einmal den folgenden Gesprächsausschnitt an.

Sohn: »Du weiMisst doch, all die Jahre habe ich wie ein Sklave für dich geschuftet, nie war ich dir ungehorsam. Was habe ich dafür bekommen? Mir hast du nie auch nur einen Ziegenbock gegeben, damit ich mit meinen Freunden feiern konnte. Aber der da, dein Sohn, hat dein Geld mit Huren durchgebracht; und jetzt kommt er nach Hause, da schlachtest du gleich das Mastkalb für ihn« (Lukas 15,29-30).

Vater: »Mein Sohn, du bist immer bei mir, und dir gehört alles, was ich habe. Wir konnten doch gar nicht anders als feiern und uns freuen. Denn dein Bruder war tot, jetzt ist er wieder am Leben! Er war verloren, aber jetzt ist er wiedergefunden! « (Lukas 15,31)

Das Bild, das sich der ältere Sohn vom Vater macht, ist auffällig negativ. Dieser, so glaubt er, fordert und fordert, verlangt Einsatz und Pflichterfüllung, gönnt einem aber nichts. Bei diesem Vater, so der fromme Sohn, ist Feiern nicht vorgesehen . Außerdem bevorzugt er noch, völlig unbegründet, den unmoralischen

Nachgeborenen. Der Ältere weigert sich schlicht, den Jüngeren »Bruder« zu nennen. Ganz distanziert sagt er: »Dein Sohn«. Dass er viele Feste hätte feiern können, dass er selber soviel besaß, wie seinem Vater gehörte, er also reich war – das alles ist ihm nie aufgefallen. Er kann sich nicht freuen, wenn sein Vater sich freut.

Diese Einzelzüge ergeben das Gesamtbild eines **FROMMEN** Misstrauens. Es ist solange im Herzen verborgen hinter einer Maske von sehr korrekter »Gläubigkeit«, bis es irgendein akuter Anlass zutage fördert.

Leider wäre es eine Verharmlosung zu sagen, dass eben **BEIDE** Söhne ihre Probleme mit dem Vater haben, dass es also Gott gegenüber ein »weltliches« und ein »frommes« Misstrauen gibt. Denn der jüngere Sohn sieht ein, bereut, kehrt um, findet Vergebung. Der Ältere verharrt dort, wo er stand. Die Geschichte endet in dieser Hinsicht sehr bedrückend. Haben die Frommen weniger Chancen bei Gott? Dass Gott sie genauso tief liebt wie die Weltlichen, ist keine Frage. Nur scheint es eine Frömmigkeit zu geben, die gegen Gott stärker immunisiert als der blanke Unglaube.

Meine Überlegungen auf den letzten Seiten sollten eines deutlich machen: Der erste »Schritt weg« von Gott, die tiefste Schicht der Sünde ist Misstrauen. Wenn »Glaube«, also Vertrauen, die angemessene Haltung gegenüber Gott beschreibt, dann drückt »Unglaube«, also Misstrauen, die verkehrte aus. Und dies alles, bevor noch irgendwelche »schlimmen Dinge« passiert sind!

Damit komme ich zum zweiten Schritt. Ich spreche von REBELLION. Der jüngere Sohn lehnt sich gegen die Autorität des Vaters auf. Er verlangt den ihm »zukommenden Teil«, das war ein Drittel des Besitzes.

Es gab damals zwei Formen des Besitzübergangs vom Vater auf den Sohn: durch Testament oder durch Schenkung bei Lebzeiten. In unserer Geschichte geht es natürlich um das Zweite. Damit erhielt der Sohn zwar das Besitzrecht (der betreffende Acker darf zum Beispiel nicht verkauft werden), jedoch nicht das Verfügungsrecht und nicht die Nutznießung. Die Nutznießung verblieb dem Vater uneingeschränkt bis zu seinem Tod, im Blick auf das Verfügungsrecht galt: Verkauft der Sohn, so kann der Käufer erst beim Tode des Vaters Besitz ergreifen. Der jüngere Sohn fordert aber nicht nur das Besitzrecht, sondern auch das Verfügungsrecht; er will sich eine selbständige Existenz gründen. Er durchbricht also die Ordnung. Er will sich nicht mehr nach dem Vater richten. Wenn die bekannte Bitte des Vaterunsers lautet: »Dein Wille geschehe!«, so sagt der Sohn jetzt: »Mein Wille geschehe!« Mit anderen Worten: Wenn das Misstrauen gegenüber Gott erst einmal sein Werk getan hat, wollen die Menschen Gottes Autorität nicht mehr anerkennen. Sie wollen selber Gott, ihr eigener Herr sein. Sie lassen sich von Gott nichts mehr sagen. Sie möchten umgekehrt ihm Vorschriften machen und zeigen oft ganz offen ihre Empörung, wenn Gott ihre Forderungen nicht erfüllt.

## Station 3: Unmoral

Jetzt erst kommt es zu dem, was die meisten Leute hierzulande unter »Sünde« verstehen, nämlich zur UNMORAL. Keine Frage: Was der Sohn mit dem Geld, für das er selber nicht gearbeitet hat, anstellt, ist tief unmoralisch. Der Erzähler Jesus ist an dieser Stelle sehr knapp, aber deutlich: Der Sohn »machte seinen ganzen Anteil zu Geld und zog in die Fremde. Dort lebte er in Saus und Braus und verjubelte alles« (Vers 13). Dass er sich seine »Freundinnen« für Geld kaufte, sagt der ältere Sohn mit seinem Hinweis auf die »Huren« hart, aber klar. Man braucht kaum Phantasie, um sich vorzustellen, was der jüngere Sohn im einzelnen tat. Und diese Lebensführung erscheint zwar manchen Leuten (Männern?) bei uns nicht ohne Verlockung, wird aber am Ende doch von den meisten abgelehnt – ob sie in einem solchen Fall nun von »Sünde« sprechen oder nicht.

Dieser **GANZE** Abschnitt soll verständlicher machen, was »Sünde« ist. Ich möchte also noch einmal unterstreichen, dass »Sünde« auch mit Unordnung, unsolidem Lebenswandel, öffentlich sichtbarer Unmoral zu tun hat. Das Christentum ist in Fragen der Moral keineswegs ohne Profil. Nur: Was wäre passiert, wenn der Sohn sein Geld ins Ausland gebracht und dort eine soziale Einrichtung aufgebaut hätte? Kann man Sünde durch Anständigsein vermeiden?

Natürlich ist das nur eine Testfrage. Dennoch lässt sich mit ihrer Hilfe das Problem gut klären. Die geistliche Antwort heißt: Als der Sohn, getrieben von seiner aus Misstrauen geborenen Rebellion, Gottes Vaterhaus verließ, war er ein »Sünder«. Was er danach tat, änderte diesen Status nicht mehr; es brachte ihn nur schärfer zum Ausdruck. Was wir anstellen, nachdem wir Gottes Vaterhaus verlassen haben, ist weniger entscheidend für unsere Beziehung zu Gott selber, als wir denken. »Knapp daneben ist auch vorbei!«

## Station 4: Scheitern

Am Ende seines Weges in die Fremde erlebt der Sohn das krasse **SCHEITERN**. Nichts ist ihm mehr geblieben. Die Heimat ist weg, das Geld ist weg, die sogenannten Freunde sind weg, das letzte Stück Ehre und doch wohl auch die Selbstachtung ist weg. Er landet bei den Schweinen. Nicht einmal seinen Hunger kann er stillen, ohne zu stehlen.

Diese Schilderung ist so drastisch, dass wir ihre Aktualität vielleicht nicht sofort sehen. Natürlich haben wir hier und dort Leute getroffen, die »sehr weit heruntergekommen« waren. Sie stanken nach Dreck – und zum Beispiel nach billigem Fusel. Darum erscheint es mir wichtig zu bedenken, dass sich in Jesu Geschichte eine »Station« aus der früheren ergeben hat. Mit dem Misstrauen gegen Gott begann alles – aber dabei blieb es eben nicht. Das Misstrauen gebar die Rebellion. Davon wurde wiederum das moralische Verhalten zutiefst berührt.

Bitte bedenken Sie: Keine Moral besteht durch sich selbst. Sie ist immer religiös oder weltanschaulich verankert. Erkennt der Mensch keine Autorität mehr über sich an, so wirkt sich dies natürlich auch auf seine Moral aus. Zur Illustration: In unserem Land gab es einmal ein Sprichwort, welches lautete: »Fürchte Gott, tue recht und scheue niemand.« Der erste Bestandteil ist lange schon verschollen. Dann blieb also der Appell zum »rechten Tun«. Dieses lebt – in einem humanistischen Verständnis – auch losgelöst von seiner religiösen Verankerung noch eine Zeitlang fort. Die Gefahr besteht allerdings, dass es sich nach und nach auflöst. Übrig bleibt dann: »Scheue niemand.

Dies fasst eine Mehrheit auf als Erlaubnis zu rücksichtsloser Durchsetzung eigener Interessen. Der Egoismus überlebt. Aber er macht uns kaputt.

Verfällt die Moral, wird das Gewissen beliebig, so wird dem Leben eine Basis der Gesundheit genommen. Scheitern greift um sich. Psychische Probleme treten gehäuft auf. Menschen finden es immer schwieriger, miteinander auszukommen. Der Alltag wird als so »stressig« erlebt, dass viele Menschen ohne chemische Hilfe nicht mehr in den Schlaf finden. Insgesamt: Die Kraft, ein normales Alltagsprogramm durchzustehen, sinkt. Die allgemeine Lebensfähigkeit in den westlichen Gesellschaften ist auffällig gesunken. Was hilft?

Die Zahl der fachkundigen Helfer steigt: Ärzte aller Art, Berater, Psychologen, Psychotherapeuten, dazu das Heer von Ratgebern etwa in Magazinen, in Illustrierten oder im Fernsehen. Wir ziehen sie heran wie Klempner bei Wasserbrüchen. Dass – um im Bild zu bleiben – die ganze Leitung erneuert werden müsste, kommt uns kaum in den Sinn.

Noch einmal: Dass unsere Lebenskrisen mit den Glaubenskrisen zusammenhängen könnten, dass der Verlust Gottes zum Verlust einer ersehnten Lebensqualität führt: Wer hat uns das gesagt?

KAPITEL 6

# *Heimkehr zu Gott*

Ich muss noch einmal auf das letzte Kapitel zurückkommen, weil ich annehme, dass einige von Ihnen Probleme hatten, sich mit dem jüngeren Sohn zu identifizieren (mit dem älteren sowieso). Sie spüren zwar, dass Sie nicht bei dem Vater, also Gott, sind, können sich aber an keine Zeit in Ihrem Leben erinnern, wo dies anders war. Vielleicht sind Sie in einem völlig unkirchlichen Elternhaus aufgewachsen; alles Christliche fehlte einfach, auch wenn es nicht bekämpft wurde. Von daher haben Sie jetzt den Eindruck: Ich komme in dieser Geschichte gar nicht vor.

Vielleicht hilft Ihnen die folgende Überlegung. Wir alle sind Teil eines größeren Ganzen, letztlich der Menschheit. Diese Menschheit befindet sich nach biblischer Sicht in einer Bewegung weg von Gott. Jeder einzelne von uns geht aus dieser Menschheit hervor und wird damit von seinem ersten Lebensjahr an in diese Bewegung hineingezogen. So weit sind wir Opfer des »Bösen«. Allerdings machen wir uns dann die Haltung der Menschheit zu eigen, bekräftigen und verstärken sie durch unser Verhalten.

Wenn die christliche Tradition von »Erbsünde« redet, deutet sie diesen Zusammenhang an. Dies bleibt nun aber keine theoretische Erklärung: Wenn wir nämlich als Einzelwesen den Heimweg zu Gott antreten und ihn um Verzeihung bitten, »wissen« wir in unserem Herzen, dass auch wir uns von Gott entfernt hatten, auch wenn uns kein Datum in Erinnerung ist, an dem das geschah (individuelle und kollektive Schuld sind nicht so säuberlich zu trennen, wie wir es, auf Selbstachtung bedacht, gern hätten). Bitte denken Sie doch einmal über diesen Zusammenhang nach.

Zurück zu dem jüngeren Sohn. Er war in der Dunkelheit gelandet, aber er blieb nicht dort. Der Umschwung setzte ein mit der Besinnung, er wurde abgeschlossen mit der Versöhnung. Wahrscheinlich lassen sich auch hier Stationen der Rückkehr ausmachen, wie wir Stationen der Abkehr vom Vater entdeckten.

## 1. Die persönliche Besinnung

»Endlich ging er in sich und sagte: „Die Arbeiter meines Vaters bekommen mehr, als sie essen können, und ich werde hier noch vor Hunger umkommen. Ich will zu meinem Vater gehen und zu ihm sagen: ‚Vater, ich bin vor Gott und vor dir schuldig geworden; ich verdiene es nicht mehr, dein Sohn zu sein. Nimm mich als einen deiner Arbeiter in Dienst!‘« (Verse 17-19)

Endlich ging er in sich. Er besann sich auf sein Leben. Er stellte Fragen, denen er bisher ausgewichen war. Er zog eine ehrliche Lebensbilanz: Was wollte ich mit meinem Leben? Welche Ziele hatte ich? Was ist daraus geworden? War das alles?

Besinnung kann schmerzhaft sein. Aber nun hat er Zeit. Er hat auch nichts mehr zu verlieren. Wenn er so weitermacht, ist das einzige, was er über seine Zukunft weiß, dies: »...und ich werde hier noch vor Hunger umkommen.« Eigentlich ist es besser, sich zu besinnen, solange man noch nicht im Schlamassel sitzt. Aber wer tut das schon?

In der Besinnung beginnt das verlorene Vaterhaus plötzlich zu leuchten. Die Bewertung ändert sich. Wie schön war es zuhause! Die Sehnsucht nach der Welt des Vaters überkommt ihn. In der tiefsten Tiefe seines Wesens weiß jeder Mensch, dass Gott sein Zuhause ist. Aber dieses Tiefenwissen ist allzu oft verschüttet.

Zu Besinnung gehört es auch, nach vorn zu denken. Wie komme ich hier heraus? Was kann ich unternehmen? »Ich will ...gehen.« Das unterscheidet Besinnung vom unfruchtbaren Grübeln.

## 2. Konkrete Schritte

»So machte er sich auf den Weg zu seinem Vater« (Vers 20). Sich Aufmachen ist mehr als Nachdenken. Er weiß natürlich, dass der Vater ihn neu akzeptieren muss, sonst kann er sich noch so sehr bemühen. Dennoch: Er muss Schritte auf den Vater zu tun. Das Verharren im Alten lähmt.

Können wir Gott entgegengehen? Ist es uns wirklich aufgetragen, Schritte zu ihm hin zu tun? Ja. Wir können zum Beispiel Gespräche mit Menschen führen, die offensichtlich Kontakt mit Gott haben. Wir können Gottesdienste besuchen, in denen die Strahlkraft des Glaubens zu spüren ist. Wir können an Seminaren oder »Retraiten« teilnehmen, in denen es nicht darum geht, den Kopf mit theologischem Wissen zu füllen, sondern zum Glauben hingeführt zu werden. Wir können christliche Bücher studieren, die uns den Weg zu Gott weisen wollen – wie eine gute Straßenkarte dem Autofahrer hilft. All das kostet Zeit und Kraft, manchmal auch Geld. Darf der Glaube denn nichts kosten? Gilt nicht auch hier der Satz: Was nichts kostet, taugt nichts!?

## 3. Das Schuldbekenntnis

Während des Rückweges hat der Sohn mehr als einmal vor sich hingemurmelt, was er sagen will. Vielleicht hat er sich vorgenommen, besonders schnell zu sprechen, damit der Vater nicht dazu kommt, ihn zu unterbrechen. Er spürt auf jeden Fall, dass er nicht so einfach wieder auftauchen kann, als sei nichts gewesen: »Hallo, Paps, da bin ich wieder. Du, das war keine gute Entscheidung von mir, von zuhause wegzugehen. Du siehst, es geht mir nicht besonders gut. Aber du hast ja immer für mich gesorgt, wirst mir auch jetzt auf die Beine helfen. Die Sache mit dem Geld kriegen wir schon hin. Da fällt mir noch was ein. Weißt du, ich war eben doch damals ziemlich unreif. Aber man lernt dazu. Das würde ich nicht nochmal machen. Übrigens: Wie geht's dir denn so?«

Dasselbe jetzt ohne Bild. Kann ein Mensch zu Gott gehen und zu ihm sagen: »Lieber Gott, ich habe mich ja in den letzten Jahrzehnten nicht für dich interessiert, das ist wahr. Man hatte einfach zu viel zu tun. Natürlich habe ich unsere Zierfische gefüttert, den Hund ausgeführt, mich durchs Fernsehen auf dem Laufenden gehalten und meine Hobbys gepflegt. Man kann ja schließlich nicht **BLOSS** in seinem Beruf aufgehen. Diese Sachen wirst du mir doch wohl nicht vorwerfen. Außerdem ist bei uns in Deutschland der Glaube heute sehr kompliziert. Wir sind eben nicht mehr so naiv wie die früher. Aber jetzt interessiere ich mich einfach für dich. Ich hoffe, das freut dich auch.« Ich weiß, dass wohl keiner von Ihnen wörtlich so sprechen würde. Nur: Ist unsere Haltung wirklich anders?

Nein, wer zu Gott zurückkehren will, muss ehrlich um Verzeihung bitten. Wir können zwar die Tiefe der Reue nicht produzieren. Mancher wäre froh, wenn ihm Tränen zu Gebot ständen. Aber die Schamlosigkeit, mit der wir Gott einfach wie Luft behandelt haben, mussbeim Namen genannt werden. »O Gott, ich verdiene es wirklich nicht, dass du mich akzeptierst. Meine innerste Haltung dir gegenüber war unverschämt. Bitte vergib mir! «

## 4. Die Versöhnung

Was jetzt erfolgt, unterscheidet sich grundlegend von allem Vorigen. Mit der Bitte um Vergebung ist der Sohn an die Grenze gelangt. Jetzt muss er warten. Tiefste Selbstanklagen und Bäche von Tränen könnten nicht bewirken, was nun zu geschehen hat. Entweder spricht der Vater sein verzeihendes Wort, dann wird alles gut, oder er sagt nein.

Verständlich wäre es schon, wenn der Vater sich angewidert abwenden würde. »Junge, deine Beteuerungen nützen dir jetzt nichts mehr. Das alles kommt mir ein bisschen zu spät. Du wolltest dein Leben ohne mich führen; nun bleibt es dabei. Hör auf mit deinem Gewinsel und verschwinde. Du ekelst mich an.«

Es gäbe vielleicht noch eine mildere Version. Sie könnte so lauten: »Junge, ich sehe deinen Zustand und dass du ein bisschen Hilfe brauchst. Du wirst verstehen, wie sehr ich von deinem Verhalten enttäuscht bin. Wofür ich mich Jahre krumm gelegt habe, das hast du verjubelt. Die ganze Erziehung, die ich dir angedeihen ließ, hat nichts gefruchtet. Die Art, wie du mich persönlich behandelt hast, spottet jeder Beschreibung. Aber ich war noch nie ein nachtragender Mensch. Ich will also auch dir eine letzte Chance geben. Hinten in der Waschküche sind Wasser und Seife – vergiss nicht, du stinkst nach Schwein. Außerdem findest du da Arbeitskleidung . Du kannst bei mir arbeiten, auch wenn du nicht gerade toll verdienen wirst. In dem Holzhaus drüben steht noch ein altes Bett. Das ist für dich. Lass mal ein Jährchen ins Land gehen. Ich muss einfach sehen, ob das alles nicht bloß Sprüche sind, die du da machst. Wenn du dich ernsthaft bewährst, sehen wir weiter. Ich bin schließlich kein Unmensch.«

Was wirklich geschieht, sahen wir früher. Der Vater gibt jede Distanz auf, lässt den Sohn nicht ausreden, umarmt und küsst den Stinkenden.

Er trifft drei Anordnungen: Erstens soll der Junge ein Ehrenkleid bekommen. Das bedeutet im Orient eine hohe Auszeichnung. Der Sohn wird also nicht nur eben gerade akzeptiert, sondern honoriert. Zweitens soll er Ring und Schuhe erhalten. Der Ring ist als

Siegelring zu denken: Seine Übergabe bedeutet Vollmachtsübertragung. Schuhe sind Luxus: Der Sohn soll nicht länger wie ein Sklave barfuß laufen. Drittens: Das Schlachten des gemästeten Kalbes bedeutet ein Freudenfest für Haus und Gesinde.

Wenn dieser Vater Abbild Gottes ist, erübrigt sich fast eine nochmalige Auslegung. Dass der Sohn über diese Behandlung jubelt, ist selbstverständlich. Dass aber Gott sich unbändig freut, wenn er uns wieder hat, ist das eigentlich Erstaunliche an dieser Aussage.

Nein, bei Gott erleben wir keine Abfuhr, wenn wir heimkehren. Wir müssen uns auch nicht erst bewähren, ehe er uns so richtig akzeptiert. Er streicht unsere Vergangenheit völlig durch. Es ist dann, als hätte nie etwas trennend zwischen Gott und uns gestanden.

Zum Schluss dieses Kapitels noch etwas zum Ganzen der Geschichte: Es ist wahr, dass Jesus in Bildern spricht. Nicht wahr ist, dass sich das, was er meint, in Bildern erschöpft. In den Armen Gottes zu liegen ist für ihn nicht poetische Vergoldung der Realität, sondern konkrete Erfahrung aller, die wirklich umkehren.

Kapitel 7

# Ein Mann sucht den Tod

Was hat Jesus damit zu tun, dass Menschen zu Gott zurückkehren, dass sie mit ihm versöhnt werden? Spielt er selber in diesem Geschehen irgendeine Rolle? Bisher lernten wir Jesus als einen Mann kennen, der sozusagen Hinweise, wenn auch kompetente Hinweise, gibt, der die Richtung weist, wenn auch die richtige Richtung, der sich aber selber in die Begegnung zwischen Gott und dem Heimkehrer nicht einmischt. Zugespitzt gesagt: Wer am Ziel ist, kann das Hinweisschild vergessen; wer bei Gott angekommen wäre, brauchte Jesus nicht mehr. Haben wir Jesus damit richtig verstanden?

Hier stehen wir vor einer sehr wichtigen Grundsatzfrage. Worin bestand das Zentrum der Wirksamkeit Jesu? Was sah er als die Mitte seiner Tätigkeit an?

Zur Beantwortung dieser Frage stehen uns Quellen zur Verfügung. Es handelt sich um die vier sogenannten Evangelien nach Matthaus. Markus, Lukas und Johannes, die sich im Neuen Testament finden. Es gibt zwar auch außerhalb des Neuen Testamentes vereinzelte Hinweise auf das Wirken Jesu. Aber ihr Wert als Geschichtsquelle ist zweitrangig.

Beschäftigt man sich nun mit diesen Evangelien, so entsteht vor einem ein sehr breitgefächertes Bild von Jesus. Vielleicht darf man sogar sagen: Es handelt sich um mehrere Bilder.

Da bekommen wir es einmal mit Jesus als **Lehrer** zu tun. Obwohl er nicht wie die Schriftgelehrten Theologie studiert hat, spüren die Menschen, dass er mit Autorität (»Vollmacht«) lehrt. Häufig wird er mit dem Titel »Rabbi«, also »Lehrer«, angeredet. Sein zentrales Thema ist das »Reich«, das heißt die Königsherrschaft Gottes. Er behauptet damit, das Wesen und Wirken Gottes zu kennen. So zeichnet er unter anderem ein Bild Gottes vor die Augen der Menschen, des Gottes, den er mit dem Kleinkinderausdruck Abba (»Papi«) anredet. Zu seinem Lehren gehört auch, dass er die alten Gebote neu auslegt. Was der Bibelleser als Bergpredigt kennt (Matthäusevangelium, Kapitel 5-7), ist ein Niederschlag solcher Gebotsauslegung. Jesus hat als Lehrer einen Einfluss auch auf Menschen gehabt, die es ablehnten, sich als Christen im Sinne der Urkirche zu bezeichnen.

Dann begegnet uns Jesus als **Arzt**. Auf geheimnisvolle Weise heilt er, ohne den Einsatz medizinischer Methoden, Scharen von Menschen: Blinde, Taube, Lahme, Krüppel, Aussätzige u.a. Auch die sogenannten Dämonenaustreibungen sind Heilungen, denn solcherlei Leiden rauben Menschen Gesundheit und die freie Verfügung über ihr eigenes Leben. Viele möchten heute diese Dämonisierungen als Psychosen verstehen. In unserem Zusammenhang ist die Frage nicht so entscheidend. Wichtig bleibt, dass die genannte Seite an Jesus hervorsticht. Tausende sind gerade, vielleicht sogar nur deswegen zu ihm gekommen oder gebracht worden, weil sie krank waren. Sie verließen ihn geheilt.

Mag sein, dass Sie nicht »an solche sogenannten Wunder glauben«. Eventuell halten Sie die meisten dieser Berichte für erfunden. Wir behaupten heute ja ungemein schnell, die Menschen des Altertums, erst recht die Orientalen, seien wundergläubig und fabulierfreudig gewesen. Man muss sich allerdings folgendes klarmachen: Der »Vorgänger« Jesu, Johannes der Täufer, wurde tief verehrt. Aber von ihm wird nicht eine einzige wunderbare Heilung berichtet. Seien wir also vorsichtig mit raschen Urteilen über eine für uns fremde Welt! Das heißt: Wie immer Sie derzeit zu Jesu Wundern stehen: Sie können sicher anerkennen, dass alle Evangelisten ihn als wunderwirkenden **Arzt** gezeichnet haben.

Ferner tritt uns Jesus als **Religionskritiker** entgegen. Bei flüchtigem Nachdenken kann man sich beinahe fragen, wie diese Seite an Jesus zu den bisher genannten passt. Wir erleben ihn einmal als Kritiker der Reichen. Allgemein heißt es da: »Jesus drehte sich zu seinen Jüngern um und sagte: „Reiche Leute haben es schwer, in die neue Welt Gottes zu kommen.“ Die Jünger erschraken über dieses Wort, aber Jesus sagte noch einmal: „Sie haben es sehr schwer hineinzukommen. Eher kommt ein Kamel durch ein Nadelöhr als ein Reicher in Gottes neue Welt“« (Markusevangelium, Kapitel 10,23-24). Frontal redet Jesus die Reichen so an: »Aber weh euch, ihr Reichen! Euer Glück geht zu Ende. Weh euch, die ihr jetzt satt seid! Ihr werdet hungern. Weh euch, die ihr jetzt lacht! Ihr werdet weinen und klagen!« (Lukasevangelium, Kapitel 6,24-25) Mit alledem warnt Jesus vor den Gefahren des materiellen Reichtums – er verteufelt ihn nicht generell.

Schärfer noch werden seine Gesten und Töne, wenn er falsche Frömmigkeit anprangert. Bei der sogenannten »Tempelreinigung« zeigt er große Härte: »In Jerusalem ging Jesus wieder in den Tempel und fing sofort an, die Händler und Käufer hinauszujagen. Er stieß die Tische der Geldwechsler und die Stände der Taubenverkäufer um und ließ nicht zu, dass jemand ein heiliges Gerät durch den Tempel trug. Dazu sagte er ihnen: „Steht nicht in den heiligen Schriften, dass Gott erklärt hat: ‚Mein Haus soll für alle Völker ein Haus zum Beten sein'? Ihr aber habt eine Räuberhöhle daraus gemacht"« (Markusevangelium, Kapitel 11, 15-17).

Man muss sich klarmachen, dass die Geldwechsler und die Taubenverkäufer etwas Erlaubtes, ja Notwendiges taten. Sie lieferten den Pilgern das Geld und die Opfertiere, die für die Opfer erforderlich waren. Die Tempelsteuer musste in althebräischer Währung bezahlt werden. Sowohl die Geldwechsler als auch die Taubenverkäufer hatten ihren Platz lediglich im Vorhof des Tempels. Trotzdem redet Jesus von einer Entweihung. Der Tempel war zum Beten bestimmt, wurde aber, Jesus zufolge, zum Schlupfwinkel, zum Versteck von Räubern, also von Verbrechern, umfunktioniert. Die fromme Welt als eine Räuberbande! Welche Härte des Vorgehens, und welche Schärfe der Sprache!

Den Gipfelpunkt der Kritik stellt aber dar, was Jesus über die frömmsten Männer seines Volkes sagt. Es handelt sich um die Pharisäer und die Schriftgelehrten. Die Schriftgelehrten waren Theologen, die Pharisäer Vertreter einer Erneuerungsbewegung auf der Grundlage des alttestamentlichen Gesetzes. Was er diesen Menschen zuruft, ist wohl an Schroffheit kaum mehr zu überbieten: »Weh euch Gesetzeslehrern und Pharisäern! Ihr Scheinheiligen! Ihr versperrt den Zugang zur neuen Welt Gottes vor den Menschen. Ihr selbst kommt nicht hinein und hindert alle, die hineinwollen ... Weh euch! Ihr wollt andere führen und seid selbst blind ... Weh euch Gesetzeslehrern und Pharisäern! Ihr Scheinheiligen! Eure Becher und Schüsseln haltet ihr außen rein, aber was ihr daraus esst und trinkt, habt ihr euch in eurer Gier zusammengestohlen ... Weh euch Gesetzeslehrern und Pharisäern! Ihr Scheinheiligen! Ihr seid wie schön geschmückte Gräber, die man gern ansieht, aber drinnen ist nichts als Würmer und Knochen. So seid auch ihr: Von außen hält man euch für fromm, innerlich aber steckt ihr voller Heuchelei und Schlechtigkeit« (Matthäusevangelium, Kapitel 23, 13.16.25.27-28).

Menschen mit einem unbestechlichen Blick und einer unerschrockenen, deutlichen Ausdrucksweise – beides gehört zu Jesus – können faszinieren!

Zum Schluss dieser unvollständigen Aufzählung möchte ich von Jesus dem **VORBILD** sprechen. Dafür brauche ich nun nicht einzelne Belegstellen zu nennen. Dieser ganze Mann ist ja aus einem Guss. Sein starkes Mitgefühl mit den Leidenden spüren alle, die in Not sind. Er verausgabt sich für sie so sehr, dass ihm oft kaum die Zeit zum Essen bleibt. Allen Autoritäten gegenüber, ob es nun die Theologen seines Volkes sind, ob es sich um die oberste Behörde der Juden, das Synedrium handelt, ob sie Pilatus oder Herodes heißen, beweist er eine seltene Unabhängigkeit. Was er erkannt hat, vertritt er auch. Selbst sein engster Anhängerkreis (die Zwölf) wird von ihm nicht geschont, wenn Kritik nötig ist. Er kann unter Menschen sein und sogar mit ihnen Feste feiern, hat aber keine Angst vor der Einsamkeit. Als er die Stunde seines Todes nahen sieht, flieht er nicht, sondern hält stand. Am Kreuz schleudert er keine Verwünschungen gegen diejenigen, die ihn nicht verstehen können oder wollen, sondern bittet für seine Feinde um Gottes Vergebung.

Hier begegnet uns Glaubwürdigkeit in höchstem Maße. Sie begeistert geradezu in einer Welt von so viel Eigennutz, Anpassung, feigem Verschweigen, Inkonsequenz. Ich könnte verstehen, wenn einer sagt: »Was Jesus im einzelnen lehrte, ist nicht mein Ding. Aber diese Gestalt in ihrer Echtheit nehme ich mir zum Vorbild.«

Welches dieser vier skizzierten Bilder Jesu drückt das Zentrum seines Willens aus? Vielleicht wird es Sie überraschen zu hören: keins.

Jesus Christus hat sich zu unserer Schlüsselfrage selber geäußert. Der etwas komplizierte Satz lautet: »Der Menschensohn ist nicht gekommen, um sich bedienen zu lassen, sondern um zu dienen und sein Leben als Lösegeld hinzugeben für die Vielen« (Markusevangelium, Kapitel 10,45).

Mit dem Titel »Menschensohn« meint Jesus sich selbst. Dass sein ganzes Leben ein Dienen, also ein Dasein für andere war und sein sollte, dürfte uns einleuchten. Schwieriger zu verstehen ist, dass nach dieser Aussage das »Dienen« Jesu erst ans Ziel kommt, wenn er sein Leben opfert. Er will es hingeben als Lösegeld, also zur Erlösung für andere. Diese anderen bezeichnet er in typisch hebräischer Ausdrucksweise als »die Vielen«, das heißt: alle. Einfacher ausgedrückt heißt dann der Satz: »Sinn und Ziel meines ganzen Wirkens liegt darin, den Erlösungstod für die Menschheit zu sterben. « Also: »Ich lebe – um zu sterben! «

Wer mit der christlichen Tradition aufgewachsen oder sonst vertraut ist, macht sich kaum klar, wie schockierend eine solche Aussage unter normal empfindenden Erwachsenen ist. Das Problem liegt nicht etwa darin, dass Jesus mit seinem gewaltsamen Tod rechnen musste und dies auch ausgesprochen hat. Schließlich besaß er Feinde genug, die ihn bis aufs

Blut hassten. Überhaupt ist es in der Geschichte nicht selten passiert, dass Menschen zu Märtyrern ihres Anliegens wurden. Ich nenne beispielhaft drei Hoffnungsträger des 20. Jahrhunderts:

Dietrich Bonhoeffer: Der berühmte Theologe wurde nur 39 Jahre alt. Entgegen der Tradition, mit der er aufgewachsen war, hatte er sich am Widerstand gegen Hitler beteiligt. Er wurde im April 1945 deswegen erhängt.

John F. Kennedy: Als er 1960 Präsident der USA wurde, war er der jüngste Mann, der jemals dieses Amt antrat. Viele Hoffnungen richteten sich auf seine Politik. Bereits drei Jahre später, im November 1963, fiel er in Dallas/Texas einem Attentat zum Opfer.

Martin Luther King: Noch heute wird er geachtet als Führer des gewaltlosen Kampfes gegen die Rassentrennung in den USA. Erst 39 Jahre alt, fiel er im April 1968 ebenfalls einem Attentat zum Opfer.

Alle diese Menschen waren nicht »gekommen«, um zu sterben, sondern um zu handeln, zu gestalten, zu verändern. Ein früher gewaltsamer Tod hinderte sie allerdings daran, ihre Ziele bis zum Ende zu verfolgen. Jesus dagegen sammelt große Menschenmassen um sich, heilt, befreit, lehrt, provoziert, setzt Akzente, wird zum nationalen Thema und behauptet dann, das Beste, was er für sein Volk, ja die gesamte Menschheit tun könne, sei es, freiwillig zu sterben. War Jesus psychisch gesund? Lebte in ihm vielleicht eine krankhafte Todessehnsucht? Oder sonst etwas Übersteigertes?

Nichts an seinem Bild scheint mir in diese Richtung zu weisen. Anders als bei manchen religiösen Asketen springt einen die warme Menschlichkeit, ja die Verletzlichkeit Jesu geradezu an. Dieser Mann hatte keine kranke Seele! Ist das aber so, dann müssen wir seine eigene Aussage über sein letztes »Berufsziel«

ernstnehmen. Wir müssen es umso mehr, wenn wir folgende Beobachtung ernstnehmen, die ein berühmter Theologe (Martin Kähler) einmal so formuliert hat: Die Evangelien seien, so sagte er, »Passionsgeschichten mit ausführlicher Einleitung«.

In der Tat: Über die ersten 30 Lebensjahre des Nazareners berichten zwei der vier Evangelisten, nämlich Markus und Johannes, gar nichts, bei Matthäus und Lukas finden sich aber auch nur zwei Kapitel, die überhaupt Angaben zu diesem Abschnitt enthalten. Umgekehrt widmen alle vier Evangelisten den letzten 24 Stunden Jesu volle zwei Kapitel. Rechnet man einmal, nur von der Gesamtzahl der Kapitel ausgehend, nach, wieviel Prozent seines Evangeliums jeder Evangelist den letzten 24 Stunden im Leben Jesu widmet, so ergibt sich:

Matthaus ca. 7 % (2 von 28 Kapiteln)
Markus ca. 12 % (2 von 16 Kapiteln)
Lukas ca. 8 % (2 von 24 Kapiteln)
Johannes ca. 10 % (2 von 21 Kapiteln)

Diese Rechnung ist ungenau, da man natürlich nicht nach Kapiteln, sondern nach der Anzahl der Wörter zählen müsste. Trotzdem lässt sie schlagartig eine Tendenz erkennen: Die Evangelisten erzählen breit und ausführlich, wo es um das Lebensende Jesu geht; sie sind wortkarg bis schweigsam, wo es sich um seinen Lebensbeginn handelt. Das eine interessiert sie brennend, das andere fast gar nicht. Die bloße Art der Darstellung ist also ein Kommentar über Wichtig und Unwichtig!

Das heißt für uns: Üblicherweise begreift man eine Persönlichkeit am besten, indem man nach ihren Anfängen fragt, und die liegen in Kindheit und Jugend. Von diesen Anfängen her versteht man gewöhnlich die späteren Akzente bis zum Tod. Bei Jesus ist es genau umgekehrt: Von seinem Ende her sollen wir alles begreifen, was er vorher sagte und tat. Sein Tod ist sozusagen das Vorzeichen vor seinem Leben.

Ich gehe davon aus, dass diese Sicht für die meisten von Ihnen sehr schwierig ist. Vielleicht sind Sie geneigt zu sagen: Das erscheint mir allzu kompliziert. Da halte ich mich doch lieber an die anderen Seiten des Mannes aus Nazareth, Es bleibt ja noch genug an Faszinierendem, wenn man seinen Tod »richtig normal« versteht und sich einfach mehr an seine Lehre hält.

Nun, niemand kann Sie hindern, so zu verfahren. Sie müssen nur wissen, was Sie damit tun. Alles, was wir von Jesus wissen, geht letzten Endes auf das Neue Testament zurück. Das ganze Neue Testament lehrt, das Wichtigste, was Jesus für uns tat, habe darin bestanden, uns durch sein Sterben zu erlösen. Und Jesus selber hat das so behauptet. Nun sagen Sie, das interessiere Sie letzten Endes nicht, es sei Ihnen einfach zu kompliziert, Sie hielten sich an den Rest. Ist Ihnen klar, dass Sie gerade im Begriff sind, das Christentum in seinem Zentrum abzulehnen?

Ich gebe zu, dass die Sache mit dem Kreuz schwierig ist. Aber es gäbe doch auch eine Alternative zu der eben beschriebenen Haltung. Sie könnten auch sagen: Gut, wenn das Kreuz so wichtig ist, dann will ich alles dransetzen, zu begreifen, was da gemeint ist. Geht mir dessen Bedeutung heute nicht auf, dann hoffentlich morgen. Ich will es herausfinden!

Wir werden uns im nächsten Kapitel weiter und sehr ausführlich mit dem Geschehen des Todes Jesu befassen. Jetzt bitte ich Sie, sich das folgende Schaubild anzuschauen.

Die »Welt« Gottes und die »Welt« des Menschen sind hier durch einen Abgrund getrennt. Es ist der

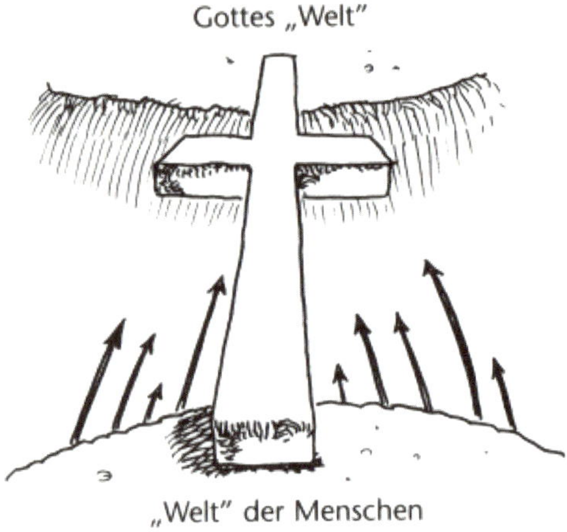


Abgrund menschlicher Sünde. Alle Versuche, vom Menschen aus nach oben zu gelangen, scheitern. Sie brechen sozusagen irgendwo in der Luft ab. Ich nenne, ohne Anspruch auf Vollständigkeit, einige solcher Versuche: endlose Meditationsübungen; Askese, d.h. Verzicht auf grundsätzlich erlaubte Dinge wie Essen, Trinken, Schlaf, Gespräche, gewisse Bequemlickeiten usw.; Selbstkasteiung; gute Werke als Ausgleich für frühere böse Taten ...

Das Christentum lehrt, dass es nur einen Weg gab, wie der Abgrund überwunden werden konnte: Da es den Menschen nicht mehr möglich war, eine Brücke zu Gott zu bauen, entschied sich Gott, eine Brücke zu den Menschen zu bauen. Er tat dies durch das geheimnisvolle Sterben Jesu.

## KAPITEL 8

# *Das Ende des Nazareners*

Jesus kam vor Beginn der christlichen Zeitrechnung, etwa im Jahr 7 »vor Christus«, auf die Welt. Die Evangelisten Matthäus und Lukas weisen darauf hin, dass er unter der Herrschaft Herodes des Großen geboren wurde (Matthäusevangelium, Kapitel 2,1; Lukasevangelium, Kapitel 1,5 im Zusammenhang). Dieser starb im Jahre 4 v. Chr. *

Jesus wuchs in der kleinen Stadt Nazareth auf, die in der verachteten, halb heidnischen Provinz Galiläa lag. Sein Vater übte den Beruf eines »Zimmermanns«, genauer gesagt, eines Handwerkers aus, der Holz und Steine bearbeitete, also etwa eines »Bauhandwerkers«.

* Der Berechnungsfehler hinsichtlich des Geburtsjahres Jesu geht auf den Mönch Dionysius den Kleinen zurück, der im Jahre 525 von Papst Johannes 1. den Auftrag er hielt, das Datum der »Auferstehung« Jesu neu zu berechnen. Dionysius setzte die Geburt Jesu auf den 25. Dezember 754 von Roms Geschichte fest. Das Jahr 754 nach Roms Gründung wurde so das Jahr 1 der christlichen Zeitrechnung.

Auch Jesus selber war »Zimmermann« (Markusevangelium, Kapitel 6,3).

Es gibt zu denken, dass aus den ersten drei Jahrzehnten seines Lebens keine auffälligen Taten von Jesus berichtet werden. Zum Beispiel vollbrachte Jesus in dieser Zeit keines der Wunder, die für sein späteres Wirken so typisch sind. Wunderbare Vorkommnisse werden zwar im Zusammenhang mit seiner Geburt, aber danach nicht mehr berichtet.

Die spätere Legende hat versucht, diese »Lücke« zu schließen (vergleiche etwa die Christuslegenden von Selma Lagerlöf). Solche Darstellungen mögen das Gemüt ansprechen, geschichtlich sind sie wertlos. Nur eine einzige Ausnahme wird im Neuen Testament erzählt: Jesus sei als Zwölfjähriger durch sein tiefes Verständnis der Heiligen Schriften aufgefallen, das er den Fachleuten gegenüber bekundet habe; außerdem habe er den Tempel als Haus »seines Vaters « bezeichnet (Lukasevangelium, Kapitel 2,41-52).

Etwa drei Jahrzehnte lang lebte Jesus also unauffällig, ein Bürger unter Bürgern. In dieser Zeit erwarb er eine sorgfältige Kenntnis des Alltagslebens seines Volkes. Die späteren Aussprüche Jesu zeigen, wie genau er die Menschen beobachtet hatte!

Dann trat ein Mann auf, der die Aufmerksamkeit Tausender auf sich zog. Sein Name war Johannes, sein Zuname »der Täufer«. Tatsächlich ließen sich Unzählige von ihm im Jordan taufen. Sie reagierten damit auf die Predigt des herben Mannes. Er hatte von dem kommenden Gottesgericht gesprochen, das vor der Tür stehe und eine radikale Lebensänderung notwendig mache. »Umkehr« sei angezeigt. Wer Vergebung seiner Schuld suche, solle sich taufen lassen. Mit der Taufe komme auch zum Ausdruck, dass man ein neues Leben anfangen wolle.

Plötzlich finden wir Jesus unter den Taufkandidaten. Hat auch er etwas oder gar viel zu bereuen? Für das ganze Neue Testament liegt hier tatsächlich ein Problem, da überall davon ausgegangen wird, dass Jesu Beziehung zu Gott vollkommen war. Darum kann man seine Entscheidung zur Taufe nur als einen Akt der Solidarisierung mit der Schuld seines Volkes verstehen.

Was dann erfolgte, gab dem Leben Jesu eine entscheidende Wende. Er erlebte etwas auch für ihn völlig Neues. Der Gottesgeist kam ähnlich einer Taube auf ihn herab; die Himmelsstimme erklärte, er sei Gottes Sohn, an dem dieser Wohlgefallen habe. Das ist weder eine Definition noch ein Kompliment von höchster Stelle, sondern die Berufung zu einer öffentlichen Wirksamkeit für Jahwe, den Gott der Juden. Wir schreiben etwa das Jahr 28 n. Chr. Durch dieses Berufungserlebnis wird aus dem stillen Zimmermann der heißumstrittene Mann aus Nazareth.

Nach einer vierzigtägigen einsamen Fastenzeit in der Wüste beginnt Jesus zu predigen und Kranke zu heilen. Die Massen strömen ihm zu. Ein fester Kreis von Anhängern sammelt sich um ihn, aus dem er zwölf auswählt, seine »Jünger« im engeren Sinn. Er wird geliebt von den einfachen Leuten, die an seinen Lippen hängen; von den Kranken, die er in großer Zahl heilt; von den schuldig Gewordenen, denen er Gottes Verzeihung zuspricht. Fast von der ersten Stunde an erregt er aber auch Feindschaft – tödliche Feindschaft. Es sind nicht nur die Vertreter und Verantwortlichen der jüdischen Religion, die Schriftgelehrten (sie waren Theologen und Juristen zugleich). Es sind auch die Anhänger der strengsten Frömmigkeitsrichtung, die »Pharisaer« (viele von ihnen, allerdings nicht alle, waren zugleich Schriftgelehrte), die ihn bekämpfen. Was werfen sie ihm vor?

Nun, zunächst einmal: nicht seine Wunder, auch nicht sein uns allen bekanntes Reden von der Liebe zum Nächsten, ja zum Feind. Es ist sein **Anspruch**, der teils direkt, teils indirekt sein Reden und Handeln prägt. Dieser Mann stellt sich über alle Traditionen. Er behauptet, unmittelbar im Namen Gottes zu handeln und zu reden. Das Reich Gottes (sein Lieblingsthema) sei an seine Person gebunden. Wenn er Sünden vergebe, dann faktisch Gott durch ihn. In seinen Heilungen und den sogenannten »Dämonenaustreibungen« manifestiere sich Gottes Herrschaft. Sie verstanden ihn richtig: Jesus behauptete, »Gottes Sohn« zu sein. Die frommen Juden sahen darin ein Attentat auf Gottes alleinige Würde.

Der Konflikt war also schon längst da, ehe er sich endgültig entlud. Längere Zeit hindurch konnte sich Jesus immer wieder in Sicherheit bringen, d.h. nachts verstecken. Ihn öffentlich zu verhaften wagte niemand; dafür war Jesus zu beliebt.

Es brauchte die Mithilfe eines aus dem Zwölferkreis, des Judas Iskarioth, um das Versteck des Mannes aus Nazareth ausfindig zu machen. Warum Judas den Meister für eine lächerlich niedrige Summe an seine Todfeinde verriet, wissen wir nicht wirklich. War es bloße Geldgier? Wusste Judas selber genau, was er da tat? Sein späteres Entsetzen über die Folgen seiner Tat war so groß, dass er sich das Leben nahm.

Jesus wehrt sich nicht, als ihn eine mit Schwertern und Stöcken bewaffnete Schar von Soldaten irgendwo auf dem Ölberg, genauer gesagt, in einem Garten mit Namen Gethsemane gefangen nimmt. Judas hatte ihnen als Führer gedient. Der Bericht endet bei Matthäus und Markus mit der Flucht der Jünger.

Noch in der Nacht kommt es zum Prozess vor dem Synedrium, der obersten jüdischen Religionsbehörde.

Den Vorsitz führt der Hohepriester mit Namen Kaiphas (Matthaus 26,3.57) Zeugen werden aufgerufen, doch sind ihre Aussagen nicht beweiskräftig. Dann unternimmt der Oberpriester einen direkten Vorstoß, durch den der Prozess eine neue Richtung bekommt. Er fragt Jesus, ob er der Messias, der Sohn des Hochgelobten, sei. Jesus antwortet: »Ich bin`s, und ihr werdet den Sohn des Menschen sitzen sehen zur Rechten der Macht (d.h. von Gott) und kommen mit den Wolken des Himmels« (Markus 14,62). Heutige Hörer können diese Ausdrucksweise ohne theologische Erklärung nicht mehr verstehen. Es genügt aber zu wissen, dass der oberste Priester genau das erreicht hatte, was er wollte: Jesus hatte vor seinen Richtern einen so engen und einmaligen Zusammenhang zwischen sich und Gott behauptet, dass er sich faktisch mit Gott auf eine Stufe stellte! Vor zahlreichen Zeugen hatte Jesus also Jahwe, den Gott der Juden, gelästert. Genau dies hatte man ihm ja zur Last gelegt. Nun machte der Gefangene es seinen Verklägern leicht, indem er selber seine »Schuld« eingestand.

Der oberste Priester zerreißt – als Zeichen seiner Abscheu und seiner Empörung – sein Obergewand: »Was brauchen wir weitere Zeugen?« Alle sprechen sich dahin aus, dass Jesus den Tod verdient hat. Wohlgemerkt: Es wird nicht gesagt, dass die Richter eine Verurteilung aussprechen, sondern nur, dass sie erklären, Jesus habe den Tod verdient.

Das ius gladii, das Recht zur Hinrichtung, besaßen die Juden damals nicht. Es war der Besatzungsmacht, den Römern, vorbehalten. Daraus ergab sich die nächste Aufgabe: den Statthalter des Kaisers in Rom, Pontius Pilatus, von der Schuld Jesu von Nazareth zu überzeugen.

Wie konnte man dem Römer die »Sünde« des Nazareners, sich anmaßenderweise für den Sohn Gottes zu halten, begreiflich machen? Und: War Derartiges für Pilatus ein Grund zum Eingreifen?

Weder noch. Für Pilatus musste die Angelegenheit als ein innerjüdisches Religionsproblem erscheinen, das ihn, den Politiker, nichts anging. Im übrigen: Mit Göttersöhnen in Menschengestalt hatte seine Religion nie Probleme gehabt. So konnte man also dem Prokurator nicht kommen.

Anders verhielt es sich mit der »Messias«-Anklage. Jesus hatte ja zugegeben, dass er der Messias, also der Heilskönig, sei. Faktisch hatte der alte Titel bei ihm einen neuen Inhalt bekommen. Von nationalistischen Tönen, von »Römer raus!« -Parolen, von Anzettelung zum Aufstand findet man bei Jesus keine Spur. Aber darin war er eben eine Ausnahme. Wer den Begriff sonst verwendete, verstand ihn immer auch politisch-militärisch.

Pilatus musste also dieser Anklage nachgehen. Er war Profi genug, um sehr schnell zu merken: Der Mann, der da vor ihm stand, war – im Sinne der Anklage – unschuldig. Auf der anderen Seite merkte er, dass seine Tendenz, Jesus laufen zu lassen, bei den Juden auf erheblichen Widerstand stieß.

Pilatus unternimmt einen Amnestieversuch. Er tritt aus seinem Amtssitz heraus und stellt der jüdischen Menge zwei Gefangene vor: Jesus von Nazareth und Jesus Barabbas, einen Raubmörder. Welchen der beiden soll ich amnestieren?

Die Menge, aufgehetzt durch die jüdischen Führer, fordert die Freilassung des Barabbas. Was er denn mit Jesus tun solle, den man den Messias nenne? »Ans Kreuz mit ihm!« brüllt die Menge.

Pilatus gibt nach. Die alten Berichte lassen erkennen, dass er gegen bessere Einsicht handelt.

Der Hinrichtung Jesu geht seine Geißelung voraus. Pilatus hat sie angeordnet. Der Delinquent wurde entkleidet, an einen Pfahl oder eine Säule gebunden und von mehreren Soldaten so lange geschlagen, bis diese ermüdeten und das Fleisch des Delinquenten in blutigen Fetzen herabhing. Die Peiniger benützten dabei Lederpeitschen, deren Riemen mit Knochen- oder Metallstücken versehen waren. Im Gegensatz zum jüdischen Recht kannte das römische kein Höchstmaß von Schlägen. Häufig brachen Delinquenten während dieser Prozedur tot zusammen. Dass die Strafe für Jesus hart war, ergibt sich aus der Tatsache, dass er sein Kreuz auf dem Weg zur Hinrichtungsstätte nicht mehr selber tragen konnte. Aber damit sind wir der Entwicklung ein Stück vorausgeeilt.

Zunächst wurde Jesus dem Hinrichtungskommando unter der Leitung eines römischen Centurio übergeben. Man zwang ihn, das T-förmige Kreuz oder, was wahrscheinlicher ist, den Querbalken, das patibulum, selber zum Ort der Exekution zu schleppen. Dem Deliquenten wurde auf dem Gang zum Richtplatz eine Tafel umgehängt oder vorausgetragen, auf welcher der Grund seiner Verurteilung zu lesen stand. Der Zug bewegte sich zum Kalvarienberg, auf aramäisch Golgotha, das heißt »Schädelstatte«. Dieser Ort war eine unbewachsene Anhöhe außerhalb des bewohnten Stadtgebietes, die ungefähr den Anblick eines Schädels bot. Der Hinrichtungsort sollte so gelegen sein, dass die Vorübergehenden das Hochgericht sehen konnten.

Unterwegs brach Jesus zusammen. Man zwang einen vom Feld kommenden Mann, den Nordafrikaner Simon von Kyrene, ihm die Last abzunehmen und sie bis zur Hinrichtungstätte zu tragen. Diese Inanspruchnahme Simons von Kyrene war illegal, aber die Geschichte des Judentums unter der Herrschaft der römischen Statthalter wimmelt von Bedrückungen und Ungesetzlichkeiten. So wird ein Mann ohne seinen Willen in die Passion des Christus einbezogen. Der Evangelist Markus nennt Simon den »Vater des Alexander und des Rufus« (Kapitel 15,21). Er setzt also bei seinen Lesern die Kenntnis der beiden Söhne voraus. Das ist am einfachsten so zu erklären, dass diese Glieder der christlichen Kirche waren. Könnte es sein, dass ihr Vater, zunächst ahnungslos zur Gemeinschaft mit Jesus gezwungen, durch diese Erfahrung in den Bann des Meisters geriet, nach Ostern zum Glauben an Christus durchbrach und diesen Glauben dann seinen Söhnen auf eine Weise bezeugte, die auch sie Christen werden ließ? Welche geheimnisvolle Führung Gottes würde dann hier erkennbar!

Die Kreuzigung selber findet zur dritten Stunde, also vormittags 9 Uhr, statt. Um die jetzt zu erwartenden Qualen zu lindern, bot man (d.h. wohl jüdische Frauen und nicht römische Soldaten) Jesus zuvor ein Betäubungsgetränk an. Es handelt sich um mit Myrrhen gemischten Wein. Jesus lehnt ab; er will mit vollem Bewusstsein die bevorstehenden Leiden erdulden.

Die Kreuzigung ist wohl erstmals von den Persern praktiziert worden. Später begegnet uns das Kreuz als Hinrichtungsmittel bei Alexander dem Großen, bei den Diadochenherrschern – in Griechenland selbst scheinen Kreuzigungen nicht vorgekommen zu sein – und vor allem bei den Puniern. Von Karthago kam die Kreuzigung zu den Römern. Diese verhängten sie über Schwerverbrecher, entlaufene Sklaven und Aufrührer. Der berühmte römische Redner Cicero rief einmal aus: »Schon das Wort Kreuz soll ferne bleiben nicht nur dem Leibe der römischen Bürger, sondern auch ihrem Gedanken, ihrem Auge, ihrem Ohr« (Pro Rabirio 5,16). Der römische Schriftsteller Tacitus spricht von der »sklavischen Todesstrafe« (Hist. 4,11), und der jüdische Autor Josephus von der »erbärmlichsten aller Todesarten« (Bell. 7,6,4).

»Die Kreuzigung ist eine der furchtbarsten Todesstrafen, die der in allen Arten der Folter so erfinderische Menschengeist sich ausgedacht hat. Vielleicht steht sie allen voran, »crudelissimum teterimumque supplicium, die grausamste und scheußlichste Todesstrafe«, sagt Cicero (In Verrem,V,64). Sie vereinigt in der Tat alles, was die Kunst der Folterknechte hervorrufen will: furchtbares körperliches Leiden, langdauernde Qual, Schande, Wirkung auf das Volk, den Zeugen für den langen Todeskampf des Gekreuzigten. Nichts ist so schrecklich wie der Anblick dieses lebenden Körpers, der atmet, sieht, hört, der noch empfindet und doch schon durch die erzwungene Unbeweglichkeit und vollständige Machtlosigkeit auf den Zustand eines Leichnams zurückgeführt ist. Man kann nicht einmal sagen, dass der Gekreuzigte sich vor Schmerz wand, es war ihm unmöglich sich zu winden. Außerdem war er von Kleidern entblößt, konnte nicht einmal die Fliegen vertreiben, die sich auf seine durch die vorausgegangene Geißelung geschundene Haut setzten, war nicht in der Lage, die widerlichsten Auswürfe zurückzuhalten, war den Beleidigungen ausgesetzt und dem Toben der Menschen, die zu allen Zeiten bei dem Anschauen von Todesstrafen, ich weiß nicht was für einen entsprechenden Genuss suchten und die das Mitansehen von Schmerzen, weit davon entfernt, dass es sie beruhigt, aufregt. So zeigte das Kreuz die elende menschliche Kreatur, die bis zum äußersten Grad der Machtlosigkeit, des Leidens und der Verächtlichkeit angelangt war. Die Folter, der Pranger, die Erniedrigung, der gewisse, aber langsam herbeigeführte Tod, die ganze Kreuzigung vereinigte alles, was man sich wünschen konnte. Es war die ideale Todesstrafe.« (Albert Reville)

Die bei dieser Kreuzigung verwendeten Nägel wurden durch die Handwurzeln und durch beide Füße getrieben. Jesus, völlig entkleidet, wurde dann hochgezogen. Zusammen mit ihm kreuzigte man an diesem Tage zwei andere Männer.

Über dem Haupt Jesu befestigten die Soldaten eine Tafel, die den Hinrichtungsgrund bekanntgab. In schwarzen oder roten Lettern auf weißem Grund war zu lesen: »Jesus von Nazareth, König der Juden«. Die Inschrift war in drei Sprachen abgefasst, um von möglichst vielen Menschen verstanden zu werden. Palästina war damals dreisprachig. Das Aramäische war die Sprache der Landesbevölkerung, das Lateinische die der Besatzungsmacht, das Griechische die gemeinsame Sprache innerhalb des römischen Weltreiches. Infolgedessen hatte die Kreuzesinschrift folgenden Wortlaut:

> JESCHUA' NAZORAJA MALKA DIHUDAE (aramäisch)
> JESUS NAZARENUS REX IUDAEORUM (lateinisch)
> JESOUS HO NAZORAIOS HO BASILEUS TOON IOUDAIOON (griechisch)

Nach vollzogener Kreuzigung blieb das Hinrichtungskommando als Wache an Ort und Stelle. Ihm stand der Nachlass des gekreuzigten Jesus zu. Die vier Soldaten teilten also Jesu Kleidung unter sich auf. Seinen ganzen Besitz?

Eine größere Menge wohnte der Kreuzigung bei. Darunter befanden sich auch Mitglieder des jüdischen Synedriums. Von allen Seiten wurde Jesus verspottet. So forderte man ihn auf: »Hilf dir doch selbst und steig herab vom Kreuz!« Ein Kommentar lautete: »Anderen hat er geholfen, sich selbst kann er nicht helfen.« Was hier ironisch gemeint war, trifft den Kern der Sache: Jesu Macht und Liebe zu helfen galt anderen, nicht sich selbst.

Wo waren die Anhänger Jesu in diesen Stunden, besonders die Manner, in die er seine ganze Liebe investiert hatte? Sie hatten sich, abgesehen vom »Lieblingsjünger«, auf Golgatha nicht eingefunden.

Jesus hat in den sechs Stunden bis zu seinem Tod nicht mehr viel gesagt. In allen Evangelien werden zusammen nur sieben Worte überliefert. Zum Grauen von Kreuzigungen gehörten im allgemeinen die Wut- und Schmerzensschreie der Opfer während des Vollzugs der Strafe, ihre wilden Verwünschungen und die Ausbrüche unsagbarer Verzweiflung. Etwas derartiges fehlt bei Jesus. Von diesem Kreuz geht eine seltsame Stille aus. Jesus flucht nicht; er bittet Gott um Vergebung für diejenigen, die an seinem Tod schuld sind. Auch wenn er nach Gottes Willen am Kreuz hängt, bleibt seine Hinrichtung ein menschliches Unrecht.

Um drei Uhr nachmittags stößt Jesus einen Schrei aus. Mit lauter Stimme ruft er: »Eloi, Eloi, lama sabachthani«, auf Deutsch: »Mein Gott, mein Gott, warum hast du mich verlassen?« Es handelt sich um den 2. Vers eines alten Gebetes, des 22. Psalms. Die Dabeistehenden denken, er rufe den lange verstorbenen Propheten Elia. Einer von ihnen füllt in einer Anwandlung von Mitleid einen Schwamm mit Essig, dem Getränk der Soldaten, und hält ihn Jesus mit Hilfe eines Rohres an den Mund. Was hat Jesus ausdrücken wollen?

Die simpelste Deutung besagt: Jesus war am Ende. Er brach nicht nur körperlich zusammen, auch sein Glaube an Gott schwand ihm in diesem schrecklichen Dunkel. Er konnte nur noch aufschreiend seine Gottverlassenheit bekunden, ehe er starb. Der anderen Hoffnung schenkte, endet in Hoffnungslosigkeit; der andere aus der Verzweiflung rettete, scheitert als ein Verzweifelter. Am Ende des Mannes aus Nazareth steht das Nichts.

Keine Frage, dass Jesus mit den alten Worten seiner Bibel ein tiefes Leiden ausdrückte. Sein ganzes Leben war durch die Erfahrung von der Gegenwart Gottes getragen gewesen. Jetzt muss er gespürt haben, dass Gott sich ihm entzog, dass er ihm fernrückte. Aber an diesem Gott, der Jesus in das tiefste Dunkel stößt, hält er fest, an ihn klammert er sich: »Mein Gott, mein Gott.« Das ist ja nicht Rhetorik. Der 22. Psalm, aus dem die Worte stammen, ist kein Gebet eines Menschen, dessen Glaube im Dunkel unterging. Es ist aber das Gebet eines tief Leidenden. Hören wir einige Verse:

*»Mein Gott, Tag und Nacht rufe ich um Hilfe, doch du antwortest nicht und schenkst mir keine Ruhe ... Auf dich verließen sich unsere Väter, sie vertrauten dir, und du hast sie gerettet. Sie schrieen zu dir und wurden befreit; sie hofften auf dich und wurden nicht enttäuscht. Doch ich bin kaum noch ein Mensch, ich bin ein Wurm, von allen verhöhnt und verachtet. Wer mich sieht, macht sich über mich lustig, verzieht den Mund und schüttelt den Kopf: „Vertrau doch auf Gott! Der kann dir ja helfen . Er lässt dich doch nicht im Stich! Bist du nicht sein Liebling?“... Ohne dich kann ich keinen Atemzug tun; seit meiner Geburt bist du mein Gott. Nun bleibe nicht fern, denn ich bin in Not! Niemand sonst kann mir helfen! ... Ich zerfließe wie ausgeschüttetes Wasser, meine Knochen fallen mir auseinander. Mein Herz zerschmilzt*

*in mir wie Wachs. Meine Kehle ist ausgedörrt, die Zunge klebt mir am Gaumen ... Bleib nicht fern von mir, Herr! Du bist mein Retter, komm und hilf mir!«*

Im letzten Drittel des Psalms bekundet sich die Wende. Sie ist ganz überraschend.

*«Herr; du hast mich erhört!*
*Ich will meinen Brüdern von dir erzählen,*
*in der Gemeinde will ich dich preisen:*
*„Die ihr zum Herrn gehört: Preist ihn! ...*
*Kein Elender ist dem Herrn zu gering;*
*mein Geschrei war ihm nicht lästig.*
*Er wandte sich nicht von mir ab,*
*sondern hörte auf meinen Hilferuf."«*

Die letzten beiden Verse des Psalm lauten:

*»Auch die künftigen Generationen sollen ihm dienen. Man wird den Kindern vom Herrn erzählen, noch in der fernsten Zukunft wird man den Nachkommen sagen, was der Herr getan hat, wie treu er ist.«*

Nein, Jesus, der den Anfang dieses Psalms betete, kannte auch dessen Ende. Er litt vor Gott, ja an Gott, aber sein Gottesglaube zerbrach nicht. *Als Gott ihn verließ, verließ er Gott nicht.* Mit einem nochmaligen Schrei, so bezeugen Markus und Matthäus, verschied Jesus.

Ob der Leiter des Hinrichtungskommandos, der römische Hauptmann, in der Tiefe weiß, was er nach dem Miterleben des Sterbens Jesu sagt? Sein kurzer Kommentar lautet: »Dieser Mann war wirklich Gottes Sohn.« Aber wir sagen oft mehr, als wir im Augenblick begreifen.

Im Zusammenhang mit dem Sterben Jesu werden zwei Ereignisse berichtet, die für die neutestamentlichen Zeugen weder »zufällig« noch »natürlich« waren. Einmal handelt es sich um eine Finsternis, die sich von 12 bis 15 Uhr »über die ganze Erde« lagerte. Nur Lukas erklärt eindeutig, dass »die Sonne ihren Schein verlor« (23,45). Auch der von ihm gebrauchte Ausdruck lässt aber die Möglichkeit offen, dass er nicht an eine astronomische, sondern an eine atmosphärische Verdunklung denkt. Es könnte sich also um die wohlbekannte Wirkung des Ostwindes (khamsin) handeln, der die Luft buchstäblich verdunkelt, also eine wirkliche Finsternis verursachen kann, im Vergleich zu dem gewöhnlich blendenden Licht des orientalischen Himmels. Für das Empfinden der Erzähler kam durch diese Naturerscheinung zum Ausdruck, dass Jesu Sterben eine dunkle Stunde der Menschheit ist, die Gottes Sohn von sich stößt.

Das andere geheimnisvolle Ereignis wird so beschrieben: »Da zerriss der Vorhang vor dem Allerheiligsten im Tempel von oben bis unten.« Wann dies geschieht, wird genau angegeben: im Augenblick des Sterbens Jesu.

Um diese Sprache verstehen zu können, muss man wissen, dass der Tempel aus drei Teilen bestand: Vorhalle, Heiliges und Allerheiligstes. Das Allerheiligste war ein fensterloser Raum, in dem, alttestamentlichem Glauben entsprechend, Gott selber anwesend war. Nur eine einzige Person, nämlich der Hohepriester, durfte hier eintreten, und dies auch nur einmal im Jahr. Wenn nun berichtet wird, dass der Vorhang nach außen zerriss, so ist die Bedeutung dieses Vorgangs für damalige Leser rasch begreiflich gewesen: Nun, da Jesus gestorben ist, steht für ALLE Menschen der Zugang zu Gott offen.

Interessanterweise besitzen wir bei dem jüdischen Schriftsteller Josephus (BelI.6,5,3) und aus alter rabbinischer Tradition (Talmud) Nachrichten, nach denen 40 Jahre vor der Tempelzerstörung, also um 30 n.

Chr., mit dem Tempel Aufsehen erregende Dinge geschehen sind. Ohne erkennbaren Grund gingen zum Beispiel die verschlossenen Tempeltore plötzlich auf. In dem sogenannten Nazarener-Evangelium wird von einem Bruch der Oberschwelle des Tempels in derselben Zeit berichtet.

Selbstverständlich steht es jedermann frei, den Geheimnischarakter des Sterbens Jesu sozusagen abzustreifen und »ganz nüchtern« nach dem zu fragen, was »wirklich« passiert ist. Für die allermeisten Menschen bedeutet »wirklich« soviel wie »was ICH mir vorstellen kann«. Danach ziehen sie sich wieder in ihre kleine enge Welt zurück. Ich weiß nur eins: Das Christentum zerrinnt einem auf diesem Wege zwischen den Fingern. Man ist wieder mit sich selbst allein.

Wenn ich zu wählen habe zwischen modernen Deutungen (es handelt sich tatsächlich um nicht mehr als um eine subjektive Deutung!) des Todes Jesu auf der einen, der Darstellung der Evangelisten in der Bibel auf der anderen Seite, so entscheide ich mich für die letzteren. Selbstverständlich ist auch ihre Berichterstattung nicht rein objektiv. Sie schreiben als gläubige Christen. Aber sie waren in jeder Hinsicht »näher dran«.

Jesu Sterben steht im hellen Licht der irdischen Geschichte, aber es ist mehr als irdische Geschichte. Am Kreuz hat Gott Jesus die Schuld aller Menschen aller Zeiten aufgeladen. Jesus hat sich mit unseren Sünden identifiziert. Am Kreuz hat Gott Jesus so behandelt, wie es der ganzen schuldigen Menschheit zusteht: Er hat ihn verflucht. Dies war Jesu tiefstes Leiden. DARUM schrie er: »Mein Gott, mein Gott, warum hast du mich verlassen!« Jetzt muss unsere Schuld nicht mehr trennend zwischen Gott und uns stehen. Das Allerheiligste ist für jedermann zugänglich geworden!

Es bleibt eine viel gestellte Frage: Wenn Gott sowieso vergeben wollte und wenn Jesus, wie das Christentum lehrt, Gottes geliebter Sohn war – warum musste Gott seinem Sohn solch einen tiefen Schmerz zufügen? Handelt so etwa ein Gott der Liebe?

Christen sind, so denke ich, an dieser Stelle manchmal zu rasch mit Argumenten bei der Hand. In ihrem Eifer, Gott sozusagen in Schutz zu nehmen, erklären sie dir, warum es so und nicht anders sein musste. Natürlich überzeugt das lediglich die ohnehin schon Überzeugten. Ich weiß nur zweierlei. Erstens, dass Gott meine Verteidigung nicht braucht. Wenn er entschieden hat, das Opfer seines Sohnes sei nötig, um uns alle zu erlösen, und zwar genau in der geschichtlichen Gestalt, in der es sich tatsächlich vollzog, so möchte ich nicht dahinter zurückfragen nach dem, was Gott »hätte tun können«. Gott weiß, was er tut und warum er so handelt, wie er handelt. Er ist doch nicht wie unsereins.

Zweitens heißt für mich Liebe in ihrer reinsten Form, sich völlig für andere zu verschenken. Dies hat Gott durch Jesus getan. Er hat nicht abgewartet, ob ich ihn eines Tages um diese Liebe bitte, und in der Tat, das wäre mir auch niemals eingefallen. Er weiß ja: Die Mehrheit der Menschen will sie gar nicht. Was es bedeutet, dass Gott mich liebt, habe ich überhaupt erst am Kreuz Jesu gelernt, nirgends sonst. Dass zur Liebe in einer Welt wie unserer der Schmerz dazugehört, dass also auch Gott sich selber sowie dem »Sohn« Jesus unsagbare Schmerzen zugemutet hat, meine ich begreifen zu können. Ich lebe davon, dass Gott das getan hat. Es hat mein Leben verändert.

## Kapitel 9

# *Vergebung konkret erfahren*

Bisher habe ich von dem gesprochen, was Gott vor 2000 Jahren für uns vollbracht hat. Mit anderen Worten: Ich habe Sie informiert. Ob Sie in diesem Augenblick spüren, dass der Tod Jesu für Sie wichtig ist oder nicht: Das ist die Wahrheit.

Dadurch, dass Sie dies alles wissen, hat sich Ihr Leben allerdings noch nicht verändert . Ihre Schuldgefühle, sofern Sie unter solchen leiden, sind noch immer da. Ihre Beziehung zu Gott ist durchaus noch nicht in Ordnung gekommen. Sie haben noch nicht mehr Vertrauen zu ihm als vorher.

Was damals geschah, müsste sich also heute auswirken. Aus der Erkenntnis müsste eine Erfahrung werden. Dazu müssten Sie das Angebot Gottes ergreifen. Aus der Möglichkeit müsste eine Wirklichkeit in Ihrem Leben werden.

Dies ist nicht nur richtig. Gott wartet darauf, dass wir uns konkret helfen lassen. Der Weg dazu heißt »Beichte «.

Sie erinnern sich an dieses Wort, auch wenn Sie nicht katholisch sind oder waren. Manche Leute machen an dieser Stelle schnell eine wegwerfende Bemerkung über das katholische Bußsakrament. Was da in der Praxis abgelaufen ist und oft noch abläuft, fordert sicher manchmal die Kritik heraus. Aber kennen Sie die zahllosen Menschen, denen im Beichtstuhl geholfen wurde? Wissen Sie, wie viele geplante Selbstmorde feinfühlige Priester dort verhindert haben? Gerade als Protestant möchte ich also an dieser Stelle für Sachlichkeit, Fairness und Respekt plädieren. Heute gibt es in der katholischen Kirche auch die Möglichkeit, priesterliche Seelsorge außerhalb des Beichtstuhls, sozusagen von Angesicht zu Angesicht, zu erfahren.

Der Beichtstuhl deutet nur EINE Form der Beichte an. Wir sollten uns erinnern, dass Beichte ursprünglich soviel wie »Aussage, Bekenntnis« bedeutet. Bekennen ist das Gegenteil von Leugnen, Wegschieben oder Verdrängen. Wer beichtet, gibt – vor sich selber und vor Gott – zu, dass in seinem Leben vieles nicht in Ordnung ist. Er stellt sich dazu, er spricht darüber, er spricht es aus, er lädt es ab und, wenn es wirklich eine Beichte ist: Er wird es los.

Es gibt mehrere Formen der Beichte.

Allen Christen oder denen, die es werden wollen, steht es frei, auf einen bevollmächtigten Seelsorger zuzugehen und ihn um ein Gespräch unter vier Augen zu bitten. Das muss nicht, kann aber ein Pfarrer oder Pastor sein. Vielleicht war Ihnen bis heute unbekannt, dass Martin Luther die Beichte unter vier Augen keinesfalls abgeschafft, sondern persönlich bis an sein Lebensende praktiziert und der nach ihm benannten Kirche dringlich empfohlen hat. Er kritisierte die Praxis und das Verständnis des katholischen Bußsakramentes, nicht aber die Beichte als solche. Für viele Menschen ist es eine großartige Hilfe gewesen, einmal alle ihre Schuld in einer Lebensbeichte in Anwesenheit eines Seelsorgers vor Gott zu bringen. Wenn Sie dies wünschen, findet sich auch eine Möglichkeit dazu.

Sie können auch Gott ganz allein in einem ausführlichen Gebet alles anvertrauen, was zwischen ihm und Ihnen steht.

## Ein Brief an Jesus

Eine Form der Beichte, die wir in unseren Grundkursen des Glaubens – und darüber hinaus – Menschen angeboten haben und von der viele Gebrauch gemacht haben, ist die Beichte in Briefform. Dazu möchte ich Sie im Augenblick konkret ermutigen. Es geht also darum, einen Brief an Jesus Christus zu schreiben. Viele haben berichtet, dass ihnen dies sehr half.

Ein Brief braucht zunächst einen **ADRESSATEN**. Mein Rat ist, sich unmittelbar an Jesus Christus zu wenden. Er sprach Menschen in seinen Erdentagen Gottes Vergebung zu; er ging für alle, auch für Sie, ans Kreuz, er kann und will Ihnen auch heute helfen. Reden Sie ihn an, wie Sie es zur Zeit können. Sagen Sie nur bitte nicht »Sie« zu ihm.

Das Schreiben eines Briefes braucht **ZEIT UND RUHE**; je wichtiger der Brief ist, umso mehr nimmt man sich beides. Ein freier Abend wäre für diesen Zweck gut genutzt.

Ein Brief braucht ein **Thema**. Das ist in diesem Falle klar. Sie wollen Jesus Christus alles anvertrauen, was Sie von Gott trennt. Ich schlage vor, dass Sie das Oberthema in vier Unterthemen aufteilen: Schuld, Verletzungen, Ängste, Zweifel. Dazu gleich noch einige Erklärungen.

Ein Brief braucht **gute Einfälle**. Er soll ja »stimmen«. Bei diesem Brief geht es nicht nur um Ihr Gewissen, sondern um eine Beziehung. Was wissen Sie über Ihre Beziehung zu Gott? Ganz sicher nur einen Teil. Darum bitten Sie Gott einfach, dass er Sie leitet, dass er Ihnen also beim Schreiben die richtigen Erkenntnisse schenkt.

## Teil 1: Schuld

Im ersten Teil Ihres Briefes geht es um Schuld – um Ihre Schuld. Schuld ist etwas, für das Sie keine andere Person haftbar machen können. Sie spüren dabei ein Doppeltes. Einmal: Das und das war falsch. Ich hätte es nicht denken, sagen oder tun dürfen. Dann: Ich muss die Verantwortung für diese Dinge selber übernehmen. Weder meine Eltern, noch die Lebensumstände noch die Gesellschaft sind dafür verantwortlich. Bitten Sie Gott also, dass er Ihnen zeigt, was nicht in Ordnung war in Ihrem bisherigen Leben.

Dabei kann Ihnen der folgende »Beichtspiegel« helfen. Er basiert auf den 10 Geboten der Bibel. Gehen Sie ihn betend Punkt für Punkt durch. Möglicherweise verstehen Sie nicht, wieso dieses oder jenes eine Sünde sein soll. Hören Sie doch einfach auf die innere Stimme, während Sie sich prüfen. Wenn die innere Stimme Sie überzeugt: »Doch, dies ist eine Schuld gewesen«, dann notieren Sie entsprechendes; andernfalls gehen Sie einfach zum nächsten Punkt über.

*Zum 1. Gebot:*

*Ich bin der Herr, dein Gott. Du sollst keine anderen Götter haben neben mir.*

Vertraue ich Gott? Oder habe ich Angst, dass er mich einschränkt, wenn ich wirklich alles loslasse? Welches sind zur Zeit meine Götter? Karriere? Geldverdienen? Sexualität? Sport? Kunst? Gesundheit? Eine Ideologie? Ein bestimmter Mensch? Satan? Lebe ich in Abhängigkeiten von Drogen, Tabletten, Alkohol, Tabak? Welches Bild habe ich mir von Gott gemacht? Das eines Himmelspolizisten, der alle meine Fehler »aufschreibt«, ohne mich zu lieben? Des harmlosen Opas mit Bart?

Des Leiters eines himmlischen Serviceunternehmens, der meine Wünsche erfüllen muss?

*Zum 2. Gebot:*

*Du sollst den Namen des Herrn, deines Gottes, nicht missbrauchen.*

Was bedeutet mir der Name Gottes? Habe ich ihn gedankenlos gebraucht (»Ach Gott, ach Gott« u.ä.)? Geflucht? Habe ich mich an »Gesellschaftsspielen« wie Glasrücken, Kartenlegen, Handlinienlesen, Tischrücken, Pendeln, Kristallkugellesen beteiligt? Habe ich an spiritistischen Sitzungen teilgenommen? Mich besprechen lassen? Bin ich sonst abergläubisch? Meditiere ich nach einer Methode, die aus dem Hinduismus oder Buddhismus abgeleitet ist, zum Beispiel TM? Welche Bedeutung hat der Name Jesus in meinem Leben? Erkenne ich ihn als höchste Instanz meines Lebens an?

### *Zum 3. Gebot:*

*Du sollst den Feiertag heiligen.*

Bin ich der Begegnung mit Gott ausgewichen? Wie sieht meine Freizeit aus? Wo mache ich mich körperlich und seelisch kaputt, ohne dass es nötig wäre?

### *Zum 4. Gebot:*

*Du sollst deinen Vater und deine Mutter ehren, auf dass dir's wohl geht und du lange lebst auf Erden.*

Welche Empfindungen kommen in mir hoch, wenn ich an meinen Vater oder an meine Mutter denke? Hasse ich sie beide oder einen von ihnen, weil ich von ihrer Seite entweder Böses oder zu wenig Liebe erfahren habe? Bin ich bereit, mit ihnen »Frieden« zu schließen?

Bin ich bereit, die Würde meiner Eltern zu achten, obwohl ich ihre Fehler so genau sehe? Verbringe ich genügend Zeit mit meinen Eltern? Erweise ich ihnen Fürsorge und Liebe im Alter? Habe ich sie oder einen von den beiden aus Bequemlichkeit ins Altersheim abgeschoben?

Bin ich selber ein Vater, der diesen Namen verdient? Beschütze ich mein(e) Kind(er)? Verbringe ich genügend Zeit mit ihm (ihnen)? Zeit zum Feiern, zum Spaß, zur Zärtlichkeit? Setze ich Grenzen, die ein Kind braucht? Oder bin ich aus Bequemlichkeit immer wieder nachgiebig?

Bin ich eine Mutter, die mein(e) Kind(er) auch als Mutter erlebt (erleben)? Ersticke ich mein Kind mit meiner »Liebe«? Bin ich geduldig? Nimmt meine berufliche Orientierung einen solchen Raum ein, dass ich an den Bedürfnissen meiner Kinder schuldig werde? Bevorzuge ich ein Kind?

Wie übe ich meine Rolle als Vorgesetzter aus? Fürchten mich die Mitarbeiter? Bin ich gerecht? Entschuldige ich mich, wo es angebracht ist?

Wie gehe ich mit meinem Chef in dessen Abwesenheit um? Bin ich verläßlich?

*Zum 5. Gebot:*

*Du sollst nicht töten (morden).*

Wen lehne ich ab? Wem will ich nicht vergeben? Wen habe ich bewusst verletzt oder fertiggemacht? Wen hasse ich, offen oder heimlich? Wem bin ich ausgewichen, als er meine Hilfe brauchte? Wen kritisiere ich ständig? Habe ich, wenn man über andere herzog, mit Begeisterung oder gedankenlos mitgemacht? Habe ich ohne Not abgetrieben oder Druck in Richtung Abtreibung ausgeübt? Habe ich (als Frau) ein Kind zwar ausgetragen, aber dieses Kind spüren lassen, dass es nicht willkommen war und ist? Habe ich Tiere zum Spaß getötet oder bewusst gequält?

Wie verhalte ich mich im Straßenverkehr? Wo habe ich andere Verkehrsteilnehmer durch Rücksichtslosigkeit verletzt oder gefährdet?

*Zum 6. Gebot:*

*Du sollst nicht ehebrechen.*

Wie sorge ich als Ehemann für meine Frau? Kann sie sich bei mir geborgen fühlen? Lasse ich mich zuhause wie ein Pascha bedienen?

Mäkele ich als Ehefrau ständig an meinem Mann herum? Kann er sich auf die Begegnung am Abend mit mir freuen?

Bin ich bereit, meinem Partner zu vergeben? Oder halte ich ihm von Zeit zu Zeit all die alten Dinge wieder vor? Stelle ich meinen Partner in der Öffentlichkeit bloß? Wann habe ich zuletzt mit »Scheidung« gedroht?

Konsumiere ich Pornohefte oder -filme? Habe ich bereits gemerkt, wie diese Gewohnheit die (sexuelle) Gemeinschaft mit dem Partner beeinträchtigt? Verkrieche ich mich mit meiner aufgeheizten Phantasie in die Selbstbefriedigung?

Wie gehe ich in der Öffentlichkeit mit Vertretern des anderen Geschlechts um, die ich attraktiv finde? Könnte mein Partner all das miterleben, ohne sich verletzt zu fühlen? Mute ich meinem Ehepartner eine »Ehe zu dritt« zu? Wo habe ich offenen Ehebruch begangen?

Wie gehe ich als Alleinstehende(r) mit meiner Sexualität um? Bin ich eine Gefahr für Verheiratete? Dränge ich mich in eine andere Ehe ein mit der Begründung: »Wir lieben uns doch!«? Habe ich meinen Status als Single zunächst einmal akzeptiert? Oder bin ich deswegen voller Bitterkeit?

Spiele ich (als unverheiratetes Mädchen) mit Jungen? Mache ich sie sexuell heiß? Wem habe ich mich aus Sehnsucht nach Liebe an den Hals geworfen?

Achte ich (als unverheirateter junger Mann) die Würde des Mädchens? Wie viele Mädchen habe ich versucht »rumzukriegen« – bei wie vielen es geschafft?

*Zum 7. Gebot:*

*Du sollst nicht stehlen.*

Achte ich fremdes Eigentum? Habe ich im Betrieb Dinge mitgehen lassen? Habe ich Steuern hinterzogen oder anvertraute Dinge oder Gelder veruntreut? Wann werde ich sie zurückgeben bzw. zurückzahlen? Fahre ich schwarz mit öffentlichen Verkehrsmitteln? Habe ich die (leichte) Beschädigung eines anderen geparkten Autos gemeldet? Lasse ich Belege »frisieren«?

Habe ich durch vorgetäuschtes Krankfeiern meine Firma geschädigt? Wie steht es bei mir mit der Schwarzarbeit? Habe ich Ausgeliehenes zurückgegeben oder verschlampt? Wo habe ich als Unternehmer Privates über das Geschäft abgerechnet bzw. abgeschrieben? Ist meine Werbung ehrlich? Beteilige ich als Unternehmer meine Arbeitnehmer in angemessener Weise am Gewinn? Achte ich geistiges Eigentum?

*Zum 8. Gebot:*

*Du sollst nicht falsches Zeugnis reden wider deinen Nächsten.*

Wen habe ich belogen (bitte genaue Liste erstellen)? Wann werde ich mich entschuldigen? Über wen habe ich halbwahr geredet? Welches anvertraute Geheimnis habe ich nicht bewahrt? Wo habe ich Höflichkeits- oder Gefälligkeitslügen gebraucht, während ich in Wirklichkeit ganz anders dachte? Welchen beruflichen Erfolg verdanke ich meiner Unehrlichkeit? Welches Prüfungsergebnis (welche Schulnote) beruht auf unsauberen Methoden? Habe ich vor Gericht die Wahrheit gesagt? Welche »Notlügen« genehmige ich mir (alle Lügen sind Notlügen; andernfalls reden wir von Ulk oder Ähnlichem)? Wo habe ich gelogen, weil zum Beispiel mein Chef dies wünschte und ich nicht den Mut besaß, nein zu sagen? Wo übertreibe ich, weil ich mich in ein besseres Licht setzen möchte?

### *Zum 9. und 10. Gebot:*

*Du sollst nicht begehren deines Nächsten Haus. Du sollst nicht begehren deines Nächsten Weib, Knecht, Magd, Vieh oder alles, was sein ist.*

Auf wen bin ich neidisch wegen seines Aussehens, seiner Begabung, seiner Erfolge, seines Reichtums, seiner Schulbildung, seiner beruflichen Position oder bestimmter Gaben? Was ist der Grund dafür, dass ich mich finanziell übernommen habe? Wo habe ich einem Konkurrenten oder sogar Kollegen eine(n) Mitarbeiter(in) ausgespannt? Habe ich versucht, eine verheiratete Frau (einen verheirateten Mann) durch einen Flirt für mich einzunehmen?

Vielleicht bekommen Sie bei diesem Beichtspiegel einen Schreck, weil es so viel war, was Sie verkehrt gemacht haben. Gott vergibt Ihnen gern. Einiges werden Sie wieder in Ordnung bringen müssen. Seien Sie darin gewissenhaft! Bei schwierigeren Bereichen der Wiedergutmachung ist es sehr geraten, nicht impulsiv zu handeln, sondern möglichst mit einem Seelsorger Rücksprache zu nehmen. Bei den heiklen Fragen finanzieller Erstattungen ist oft der Rat eines bewussten Christen, der in dem jeweiligen Bereich tätig ist, hilfreich. Wenn Ihnen zu diesem Thema nichts mehr einfällt, gehen Sie bitte zum nächsten Teilbereich.

## Teil 2: Verletzungen

Beim Thema Schuld handelt es sich um Dinge, die ich anderen oder Gott angetan habe. Bei den Verletzungen geht es darum, was andere mir zugefügt haben. Dieser Teil des Briefes an Jesus Christus stellt keine Einladung zu Rachegedanken dar. Ganz im Gegenteil! Aber wir alle haben eine persönliche Leidensgeschichte. Die begann für viele von uns schon im Mutterleib. Wenn unsere Mutter während der Schwangerschaft dunkle Erfahrungen machte, so zogen die auch uns in Mitleidenschaft.

Wenn Sie still werden über der Frage: Was hat mich in meinem Leben so verletzt, dass ich im Grunde bis heute nicht damit fertig geworden bin, so werden Ihnen eine Menge Dinge einfallen. Seltsam, wie man sich das merkt. Der Stachel sitzt oft über Jahrzehnte. Beispiele sind schnell genannt: Das kleine Kind erlebt streitende Eltern und fühlt sich zerrissen. Es wacht nachts auf, rennt durch das Haus und niemand ist da. In der Schule wird es wegen bestimmter Dinge, für die es nichts kann, ausgelacht und aufgezogen. Ein bestimmter Lehrer versucht ihm immer wieder zu beweisen, dass es eine Niete ist. Das kleine Mädchen erfährt bereits vor der Pubertät sexuelle Gewalt. Mit der Pubertät erlebt der junge Mensch Schmerz unterschiedlichster Art in der Beziehung zum anderen

Geschlecht. Nach dem Schulabschluss können die Demütigungen der Lehrzeit folgen (»Lehrjahre sind keine Herrenjahre«), In der Berufswelt gibt es Verletzungen durch Intrigen. Ist ein Lebenspartner gefunden, so ist die Dauerbeziehung auf keinen Fall ohne Verletzungen denkbar. Ein eigenes schwieriges Kapitel ist für zahllose Menschen das Leiden unter bestimmten Formen aufgezwungener oder unechter christlicher Frömmigkeit. Andere mussten Jahre ihres Lebens in einem totalitären politischen System verbringen, was zu unterschiedlichsten Verletzungen führte.

Ich breche ab. Es geht auch hier nicht um Vollständigkeit. Jesus Christus hat die tiefsten Tiefen der menschlichen Existenz durchlebt. Er weiß, was Leid ist. Ihm können Sie alles anvertrauen, was Sie gequält hat. Noch ein Gedanke zu diesem Bereich: Wenn sich die eben angedeuteten oder tausend andere Formen von Verletzungen ungehindert in Ihrem Leben auswirken können, bleibt auch Ihre Beziehung zu Gott krank. Sie werden sich dann wahrscheinlich hinter diesen Leiderfahrungen verstecken wie hinter einem Gebüsch, auch vor dem lebendigen Gott.

## Teil 3: Ängste

Im dritten Teil des Briefes an Jesus Christus geht es um Ängste. Das ist gewiss ein großes Thema. Zunächst: Manche Leute wollten uns klarmachen, dass Ängste so schlimm doch nicht seien. Aber eine genauere Analyse von Ängsten (das ist mehr, als ich im Rahmen dieses Grundkurses unterbringen kann) zeigt doch sehr deutlich, dass Ängste unser Leben schädigen. Sie engen uns unter anderem ein; Angst und Enge hängen sprachlich zusammen. Wer unter sogenannten Phobien leidet, weiß das gut. Wie mühsam ist es, in Hochhäusern keine Fahrstühle benutzen zu können, weil man Angst davor hat. Solche Phobien oder andere ganz bestimmte Angstprobleme brauchen meist eine bestimmte fachkundige Behandlung.

Aber es gibt auch die großen Lebensängste: Die Angst vor dem Alleinsein, die Angst vor dem Älterwerden, die Angst vor dem Verlust des Arbeitsplatzes, die Angst vor dem Sterben, die Angst vor der Zukunft. Was Ihnen wahrscheinlich nicht bewusst ist: Es gibt auch die Angst vor Gott. Sie ist nicht »eingebildet«, also unbegründet. Gott **HAT** für Menschen ohne Jesus etwas Bedrohliches; darum möchten wir ihm nicht zu nahe kommen, laufen am liebsten vor ihm weg.

Solche tiefen Lebensängste können wir Jesus Christus ehrlich in diesem Brief anvertrauen, d.h. an ihn abgeben. Er möchte uns mit Mut und Vertrauen füllen.

## Teil 4: Zweifel

Zum Schluss sollten Sie Jesus Christus Ihre Zweifel übergeben. Das Wort Zweifel hängt in mehreren Sprachen mit dem Wort »zwei« zusammen. Wer zweifelt, wird zwischen zwei Möglichkeiten hin und her gerissen, ohne sich entscheiden zu können. Das Ergebnis ist Zerrissenheit.

Manche Leute heben die positive Rolle des Zweifels hervor. Ich möchte ihnen zunächst zustimmen. Oft beginnt das neue Denken damit, dass wir alte Schablonen, Vorurteile, überholte Standpunkte „in Zweifel ziehen«. Ohne solche Zweifel würde alles beim alten bleiben. So ist es zum Beispiel für den konsequenten Atheisten nötig, erst einmal in eine Haltung des Zweifels zu kommen. Bisher war seine Welt eindeutig. Gott existierte nicht, und mit dem Glauben wollte er nichts zu tun haben. Er lächelte nur über so etwas. Mit dem Zweifel erwägt er erstmalig eine zweite Möglichkeit. Gibt es Gott vielleicht doch?

Nun ist der Mensch so angelegt, dass er Gewissheit sucht. Gewissheit schließt Klarheit und Eindeutigkeit in wesentlichen Lebensfragen ein. Man muss sich auf eine Seite des Konfliktes schlagen, um weiterleben zu können. Wer den Zweifel als Sport betreibt, etwa um seine Unabhängigkeit zu beweisen, wird zum Zyniker.

Aus diesem Grunde ist Zweifel in Sachen des Glaubens als Durchgangsstadium nicht zu vermeiden, als Dauerzustand tödlich. Sie können nicht gleichzeitig die Existenz Gottes bejahen (wollen) und sich sagen: Wahrscheinlich gibt es ihn gar nicht. Sie können nicht einerseits der Botschaft vom Erlösungstod Jesu zustimmen und im nächsten Satz sagen: Naja, das kann es sowieso nicht geben. Jeder muss für seine Schuld schließlich selber aufkommen. Sie können nicht auf der einen Seite angerührt sein von der Aussicht, dass Gott Sie unermesslich liebt, und im nächsten Satz erklären : Wieso sollte er ausgerechnet mich lieben? Ich kann mich ja noch nicht einmal selber ausstehen.

Noch ein letzter Gedanke zu dieser Teilfrage. Versuchen Sie nicht, Ihre Zweifel an Gott durch innere Diskussionen loszuwerden. Im Sinne des Christentums geht es um eine Vertrauensfrage. Trennen Sie sich lieber von Ihren Zweifeln, indem Sie aufhören, der Stimme des Misstrauens zu lauschen. Ich möchte Sie nicht zur Unehrlichkeit verleiten. Die Überwindung des Zweifels ist natürlich keine bloße »Willenssache«. Aber der Wille spielt eine gewisse Rolle. Wer seine Zweifel hegt und pflegt, wird sie nicht los. Vertrauen Sie sie in Ihrem Brief Jesus Christus an mit der Bereitschaft, sie dort zu lassen.

Menschen haben berichtet, dass das Schreiben des Briefes für sie eine tiefe geistliche Erfahrung war. In ihnen löste sich manches. Lassen Sie sich also Zeit beim Abfassen dieser »Beichte«, Wenn Sie fertig sind, vergessen Sie bitte nicht Ihre Unterschrift.

## Was geschieht mit einem solchen Brief?

Wenn Sie an einem Grundkurs des Glaubens teilnehmen, in dem dieses Buch empfohlen wird, wird man Sie am Ende zu einem Abschlussgottesdienst einladen. Im Rahmen dieser Feier wird dann auch ein sogenannter Segnungsteil angeboten werden. Sie werden vorn in der Kirche oder Kapelle bzw. in dem gottesdienstlichen Raum ein eigens beschafftes Kreuz sehen, dazu eine Schachtel Reißnägel. Sie haben dann zunächst die Möglichkeit, Ihren Brief an dieses Kreuz zu heften. Das ist eine symbolische Geste, mit der Sie ausdrücken: Ich vertraue jetzt alles, was mich von Gott trennt, Jesus Christus an. Er erlaubt mir, diese Dinge an das Kreuz zu heften; er ist ja am Kreuz für mich gestorben. Damit bin ich sie nicht nur los; damit sind sie auch machtlos geworden.

Man wird Sie danach einladen, in einem kurzen Gebet in Anwesenheit von ein oder zwei Christen etwa folgendes zu beten: »Jesus Christus, du bist vor 2000

Jahren für mich gestorben. Du hast bereits damals alles, was mich von Gott trennt, auf dich geladen, damit ich frei sein kann. Du weißt auch, was ich dir in meinem Brief anvertraut habe. Ich brauche es hier nicht zu wiederholen. Herr, sprich du mich jetzt ganz frei von dem Alten, damit ich Gemeinschaft mit dir und mit Gott dem Vater haben kann. «

Dies ist kein Gebet, das Sie wörtlich so beten müssten.

Es enthält aber den Kern. Der andere Christ bzw. die beiden Christen wird/werden Ihnen nun die Hände auf Kopf oder Schultern legen und für Sie beten. Dabei werden Sie auch – in feierlicher Form – zu hören bekommen, dass Gott Ihnen jetzt durch Jesus vergeben hat. Sollten Sie vorher das Bedürfnis haben, die eine oder andere besonders bedrückende Schuld, für den/die Zeugen hörbar, leise auszusprechen, so können Sie das natürlich. Man wird Ihnen keine Vorhaltungen machen. Wer die Vergebung Gottes wirklich erlebt hat, versteht auch andere, die seine Gnade suchen.

Übrigens werden die an das Kreuz gehefteten Briefe nach dem Gottesdienst vernichtet. Kein Mensch wird sie lesen können. Es bleibt also bei der Vertraulichkeit.

Was könnten Sie tun, wenn in Ihrer Nähe kein solcher Grundkurs des Glaubens angeboten wird? Ich stelle mir vor, dass Sie zum Beispiel im Urlaub dieses Buch lesen und dass es Sie drängt, mit Gott in Ordnung zu kommen. Ihnen leuchtet der Vorschlag mit dem Brief an Jesus Christus ein, und Sie schreiben ihn. Was könnte danach geschehen, wenn Ihnen zur Zeit ein menschlicher Helfer fehlt?

Sie könnten folgendes Gebet sprechen:

*»Jesus Christus, ich glaube das und ich danke dir da-*

*für, dass du vor 2000 Jahren für mich gestorben bist. Du hast meine tiefste Not schon damals beantwortet. Ich glaube auch, dass du mich jetzt hörst. Nimm bitte alles, was ich dir in dem Brief gesagt habe, von mir. Lösche es einfach aus durch deine Vergebung. In der Bibel steht: ‚Wenn wir behaupten, ohne Schuld zu sein, betrügen wir uns selbst, und die Wahrheit kann nicht in uns wirken. Wenn wir aber unsere Schuld eingestehen, dürfen wir uns darauf verlassen, dass Gott Wort hält: Er wird uns dann unsere Verfehlungen vergeben und alle Schuld von uns nehmen, die wir auf uns geladen haben. « (1. Johannesbrief Kapitel 1, 8-9). Herr, ich habe getan, was du von mir erwartest. Ich habe meine Schuld eingestanden. Jetzt verlasse ich mich darauf, dass du dein Wort hältst und alle Schuld von mir nimmst. Dein Wort sagt nicht, dass ich erst ein besonderes Gefühl brauche. Deshalb danke ich dir jetzt, dass es geschehen ist. Du hast mich angenommen. Amen. «*

Wenn Sie diesen Schritt im Vertrauen tun, wird Gott dafür sorgen, dass Sie in den folgenden Stunden oder Tagen einen überwältigenden Frieden und eine tiefe Freude erleben.

## Kapitel 10

# *Wer ist ein Christ?*

Dies ist eine sogenannte »dumme Frage«. Bei Fragen dieser Art glaubt jedermann, die Antwort zu kennen. Stellt sie dann trotzdem jemand, so lachen die anderen. Man muss nur beharrlich bleiben: »Bitteschön, wenn ich der einzige bin, der das nicht weiß, dann sagt mir`s doch.« Oft beginnt dann das Stottern. Das scheinbar Selbstverständliche erweist sich als schwierig.

Im folgenden nenne ich eine Anzahl von Antworten, die man, so oder ähnlich formuliert, auf unsere Frage bekommen kann. Keine dieser Antworten ist meines Erachtens befriedigend.

## 1. »Ein Christ ist, wer sich dafür hält.«

»Nur das eine dürfen wir verwehren: dass eine Instanz die Entscheidung darüber in Anspruch nehme, was Christentum sei und wer ein Christ sei. In der Welt soll als Christ gelten, wer sich dafür hält.« Das hat nicht irgendein Dummkopf geschrieben, sondern der weltberühmte Philosoph Karl Jaspers. Der Satz ist psychologisch gut zu begreifen. Man möchte sich nicht unter ein fremdes Glaubensdiktat begeben. Trotzdem ist diese Aussage nicht klug. Kann man ernsthaft Christsein zu einer Sache des persönlichen Empfindens machen? Soll es überhaupt keine objektiven Maßstäbe mehr geben?

Mit dem Wort »Christ« ist es ähnlich gegangen wie mit dem englischen Wort »Gentleman«. »Das Wort **Gentleman** bezeichnete ursprünglich etwas klar Definierbares, nämlich einen Mann, der ein Wappen führte und einigen Grundbesitz hatte. Wenn man jemand einen Gentleman nannte, so war das kein Kompliment, sondern die bloße Feststellung einer Tatsache. Wenn man von einem anderen sagte, er sein kein Gentleman, so war das keine Beleidigung, sondern wiederum eine Tatsache. Es lag kein Widerspruch darin, wenn man sagte: „Hans ist ein Gentleman und ein Lügner"; ebensowenig wie heutzutage ein Widerspruch darin liegt, wenn man sagt: „Jakob ist ein Narr und Dr. Phil.". Doch dann kamen jene Leute, die so richtig, so nachsichtig, geistig und feinfühlig und doch so unfruchtbar behaupteten: „Na ja aber das Ausschlaggebende an einem Gentleman ist nicht sein Wappen oder sein Grundbesitz, sondern sein Benehmen. Ist nicht nur der ein wahrer Gentleman, der sich beträgt, wie es eines Gentlemans würdig ist? So verstanden, ist Eduard bestimmt ein echterer Gentleman als Hans." Sie meinten es gut. Ehrenhaft, höflich und tapfer zu sein, ist sicher wichtiger als ein Wappen. Aber es ist nicht das Gleiche, und schlimmer noch, das Wort Gentleman ist zu einem Schwammwort geworden. Es hat heutzutage eine neue, verfeinerte Bedeutung gewonnen, und wenn ich heute einen Menschen einen Gentleman nenne, so gebe ich keine Auskunft über ihn, sondern erteile ihm ein Lob; wenn ich dagegen sage, er sei kein Gentleman, beschimpfe ich ihn ... Das Wort **GENTLEMAN**, seiner ursprünglichen, groben, objektiven Bedeutung entkleidet, vergeistigt und verfeinert, bezeichnet kaum mehr als einen Mann, den man persönlich nett und anständig findet ... Wenn wir zulassen, dass die Leute das Wort **CHRIST** vergeistigen und verfeinern, oder, wie sie es vielleicht ausdrücken würden, „vertiefen", dann wird auch dieses Wort schnell entwertet sein. Vor allem werden die Christen selbst nicht mehr in der Lage sein, das Wort auf irgend jemand anzuwenden ... Ein Wort, das man nicht anwenden kann, ist offensichtlich überflüssig.« (C.S.Lewis)

Wir sind meines Erachtens nicht frei, aus dem hohlen Bauch zu definieren, was wir unter Christsein verstehen. Jede Religion hat nämlich ihre Glaubensurkunden. Ebenso, wie niemand freihändig festlegen kann, was ein Moslem ist, er halte sich denn an den Koran, oder was ein Hindu ist, wenn er sich nicht z.B. auf die Upanischaden oder auf die Bhagavadgita bezieht, ebensowenig kann ein Zeitgenosse eigenmächtig bestimmen, wer ein Christ ist. Die Urkunde des Christentums ist das Neue Testament. Dort finden wir die Antwort, dort und nirgendwo sonst.

## 2. »Ein Christ ist ein getauftes Kirchenmitglied.«

Nach dieser Auffassung reicht es aus, wenn ein Mensch irgendwann, meist in frühester Kindheit, getauft worden ist und die Kirche nicht durch seinen »Austritt« verlassen hat: Er kann sich nun als Christ fühlen, auch wenn er keinerlei persönliche Konsequenzen aus dieser Tatsache zieht. Machen Taufe und Kirchenzugehörigkeit den Christen?

Zunächst: Fast alle Kirchen legen Wert auf die Taufe ihrer Gläubigen. Strittig sind Zeitpunkt (Säuglings- oder Mündigentaufe?) und Form (Besprengungs- oder Ganztaufe?). Dahinter stehen allerdings grundsätzlichere Differenzen. Wichtig ist nun aber doch die Gemeinsamkeit: Auch die Kirchen, die Babys taufen, lehren offiziell nicht, nun sei für die Getauften »alles in Ordnung«. Keine Kirche, die ihre eigene Tradition ernstnimmt, gibt sich damit zufrieden, wenn die Taufe ohne Folgen bleibt.

Vom Neuen Testament her lässt sich eines festhalten: Christsein ist eine zweiseitige Beziehung. Gott liebt den Menschen, aber diese Liebe soll erwidert werden. Gott macht dem Menschen ein herrliches Geschenk, aber dieses Geschenk muss angenommen werden. Gott spricht sein großes Ja zu uns, wartet aber auf unser kleines Ja zu ihm. Natürlich können Sie sich zur Selbstberuhigung sagen, Sie seien ein Christ, weil Sie doch als Säugling getauft wurden und bis heute nicht aus der Kirche ausgetreten sind. Nur: Auf die Bibel können Sie sich für diese Auffassung nicht berufen. Wir müssen klar zwischen getauften Kirchenmitgliedern und Christen unterscheiden. Christ im Sinne des Neuen Testamentes ist, wer sich gläubig an den Gott hingibt, dessen Name bei der Taufe bekannt und angerufen wird.

## 3. »Ein Christ ist jemand, der sich bemüht, nach Gottes Geboten zu leben.«

Das Christentum erkennt die sogenannten 10 Gebote des Alten Testaments an, allerdings in der Auslegung, die Jesus ihnen gegeben hat. Das heißt, es gehört zum christlichen Glauben, sie ernstzunehmen, theoretisch und praktisch. Die Frage ist nur, ob damit das Herzstück des Christentums getroffen ist. Die Antwort lautet: keinesfalls. Das Beachten der Gebote ist die Folge des Glaubens. Es verhält sich ähnlich wie bei einer Ehe: Erst muss sie geschlossen werden, dann erfordert sie Treue. Treue gibt es nicht an und für sich, sondern gegenüber diesem bestimmten Partner, auf den ich mich eingelassen habe. Christen halten sich an die Gebote, weil sie – zuvor – eine persönliche Beziehung zu dem Gott gefunden haben, den Jesus kannte und brachte.

Wie wenig die Erfüllung der Gebote das **Wesen** des Christentums ausmacht, kann man an einer einfachen Beobachtung erkennen: Die härtesten Gegner Jesu von Nazareth waren die **Pharisäer**. Diese Richtung des Judentums bemühte sich unablässig, Gottes Gebote zu erfüllen. Der hohe Preis, der dafür gezahlt wurde, schloss unter anderem zwei Fastentage pro Woche ein. Jesus Christus und seiner Botschaft gegenüber waren dieselben Männer von tödlichem Hass erfüllt. Dieser Hass kam erst zur Ruhe, als sie Jesus ans Kreuz gebracht hatten.

Wir neigen manchmal dazu, alles soziale, dem Nächsten dienende selbstlose Tun »christlich« zu nennen. Wäre es nicht ehrlicher, anzuerkennen, dass es auch außerhalb des Christentums vorbildliches Verhalten gibt?

## 4. »Ein Christ ist jemand, der ständig nach Gott sucht.«

Ein Christ ist ein Suchender – so heißt diese These. Finden macht unbeweglich, satt, selbstsicher, überheblich. Es steht dem Menschen gar nicht zu, im religiösen Bereich finden zu wollen. Eindrucksvoll hat Gotthold Ephraim Lessing (1729-81) die Überzeugung ausgesprochen, nicht der Wahrheitsbesitz als solcher, sondern die Mühe um die Wahrheit mache den Wert des Menschen aus. »Wenn Gott in seiner Rechten alle Wahrheit und in seiner Linken den einzigen, immer regen Trieb nach Wahrheit, obschon mit dem Zusatz, mich immer und ewig zu irren, verschlossen hielte und spräche zu mir: „Wähle!", ich fiele ihm mit Demut in seine Linke und sagte: „Vater, gib! Die reine Wahrheit ist ja doch nur für dich allein."« Die Wahrheit selber zu wollen, sagt Lessing, ist Hochmut; der demütige Mensch bescheidet sich mit dem Suchen nach der Wahrheit, auch wenn er sich dabei immer und ewig irren sollte.

Ich gebe gern zu, dass auch mir manche Menschen, die von sich behaupten, »gefunden« zu haben, nicht gerade einladend erscheinen. Sind sie vielleicht innerlich ganz unsicher? Brauchen sie einfach das feste Gehäuse ihrer »Wahrheit«, weil sie mit unbeantworteten Fragen kaum leben könnten? Haben sie auf alles eine Antwort, weil sie ungelöste Probleme nicht ertrügen?

Nun gibt es allerdings eine Beobachtung, die jedem offensteht, der sich eine Zeitlang mit dem Neuen Testament beschäftigt. Die Menschen, denen man dort begegnet, machen keineswegs den Eindruck, als seien sie ständig auf der Suche nach Gott. Vielmehr sprechen sie mit ruhiger Zuversicht davon, Gott habe zu ihnen geredet, er sei ihr Vater, zu dem sie heimgekehrt seien, sie hätten Gemeinschaft mit ihm, sie kennten seinen Willen ... Kurz: Sie hätten Gott durch Jesus gefunden. Dies erfülle sie mit Freude.

Ich schlage vor, dass wir zwei Arten des Findens unterscheiden. Wir können nämlich Dinge oder Personen suchen und schließlich finden. Angenommen, ich hätte meine Autoschlüssel bei einem Gang zum Postamt um die Ecke verloren und würde sie beim Abschreiten des zurückgelegten Weges, nach einiger Zeit des Suchens, finden. Ich könnte sie dann, einen Augenblick lang erleichtert, in die Tasche stecken, zu Hause an einem geeigneten Platz (etwa in einer Schublade) sicher ablegen und mich ihrer bei der nächsten Gelegenheit wieder bedienen.

Ganz anders ist es, wenn ich einen Lebenspartner gesucht und schließlich gefunden habe. Ich verbinde dann mein Leben mit seinem. Ist nun alle Dynamik aus der Beziehung verschwunden? Kann ich über ihn (sie) verfügen, mich des anderen bedienen? Natürlich nicht. (Kranke Ehen sollten nicht als Modell dienen.) Wer einen Lebenspartner einmal »gefunden« hat, muss ihn immer wieder »suchen«. Es handelt sich um ein liebevolles Eingehen auf den anderen, darum, ihn tiefer zu verstehen; die Beziehung kann in Krisen geraten, muss ständig erneuert, gegen Routine geschützt werden. Bitte stellen Sie sich das Finden Gottes niemals dinghaft vor! Wer Gott – oder, wie ich lieber sage, Jesus Christus – gefunden hat, kommt nicht auf die Idee, ihn besitzen zu können. Christus wird niemals zum Gegenstand – er bleibt immer ein Gegenüber. Mit dem »Finden« beginnt eine neue Dynamik, nämlich das Abenteuer einer lebendigen Beziehung. Denn Gott ist Person, sozusagen Ur-Person.

## 5. »Ein Christ ist ein perfekter Mensch.«

Jemand hat es so ausgedrückt: »Es gab nur einen Christen, und der starb von 2000 Jahren.« Hinter diesem Zitat steht eine hohe Achtung vor Jesus Christus. Er erscheint unerreichbar. Allerdings war es dann ein Fehler, dass die Anhänger Jesu Christi in neutestamentlicher Zeit »Christen« – eigentlich muss man übersetzen: »zu Christus Gehörige« – genannt wurden (vgl. Apostelgeschichte 11,26; 26,28; 1. Petrusbrief 4,16). Christsein wäre ein Ideal, das jedoch niemand außer Jesus je erreicht hätte. Liebt Gott nur die perfekten Menschen?

Jesus hat die Frage entschieden. Er schenkte den Verirrten und Schuldigen seine Liebe, die ja Gottes Liebe war. Später verkündigten die Lehrer der Urkirche, dass Gott durch Jesus alle Sünder, die umkehren, so annimmt, wie sie sind. Damit gibt er ihnen eine Basis, auf der sie sich positiv verändern können. Kurz gesagt: Für den Christen genügt es, dass EINER perfekt ist, nämlich Gott. Unsere Aufgabe besteht darin, uns seiner vollkommenen Liebe auszusetzen, so dass sie uns nach und nach verwandeln kann. Perfektion in dem oben angedeuteten Sinne ist keine Eintrittsbedingung in den Glauben.

## 6. »Ein Christ ist jemand, der alles (oder: das meiste von dem) glaubt, was die Kirche lehrt.«

Sicherlich gehören zum Christentum Grundüberzeugungen, bestimmte Lehren, die sich auch formulieren lassen. Es gab niemals eine »dogmenfreie« Kirche. Das sogenannte »apostolische« Glaubensbekenntnis enthält eine Mehrzahl von Sachaussagen, denen Christen früher oder später zustimmen:

*Ich glaube an Gott/, den Vater/, den Allmächtigen/, den Schöpfer des Himmels und der Erde/, und an Jesus Christus/, Gottes eingeborenen Sohn/, unsern Herrn/, empfangen durch den Heiligen Geist/, geboren von der Jungfrau Maria/, gelitten unter Pontius Pilatus/, gekreuzigt, gestorben und begraben/, hinabgestiegen in das Reich des Todes/, am dritten Tage auferstanden von den Toten /, aufgefahren in den Himmel/; er sitzt zur Rechten Gottes/, des allmächtigen Vaters/; von dort wird er kommen/, zu richten die Lebenden und die Toten/. Ich glaube an den Heiligen Geist/, die heilige christliche Kirche/, die Gemeinschaft der Heiligen/, Vergebung der Sünden/, Auferstehung der Toten! und das ewige Leben. Amen.*

Es ist nun sehr entscheidend, wie man mit solch einem Text umgeht. Man kann hier »Gegenstände« finden, an die man »glauben muss« – je nach Zählung 22 bis 24. Ein wirklich guter Christ wäre dann einer, der an sie alle glaubt, ein weniger guter, wer einige auslässt usw.

Das Fatale dieser Denkweise liegt darin, dass hier Glaube als Bejahung von Lehren verstanden wird. Eine Lehre ist aber letzten Endes eine Sache (genauer gesagt: sie umschreibt einen Sachverhalt). Richtet sich der christliche Glaube aber auf Sachverhalte? Glaubt der Christ **AN** Dogmen? Keinesfalls! Glaube im Sinne des Neuen Testamentes ist immer Glaube an den persönlichen Gott, an Gott als **PERSON**. Glaube ist ein Verhältnis zwischen Personen, eine Ich-Du-, niemals eine Ich-Es-Beziehung, also eine Beziehung zu Dingen oder Sachverhalten.

Bitte halten Sie diese Unterscheidung nicht für spitzfindig! Ich möchte zur Charakterisierung des Unterschiedes einen Vergleich gebrauchen: Die Bürger unseres Landes sollen ihren Personalausweis stets »mit sich führen«, Auf Englisch heißt dieses Dokument identity card, bezeichnet also eine Karte, die eine Identifizierung möglich macht. Sie enthält einige wenige Angaben über eine Person, genau so viele, wie nötig sind, damit diese Person nicht mit einer anderen verwechselt werden kann.

Ich schlage vor, das apostolische Glaubensbekenntnis als solch eine identity card zu begreifen. Es soll den Gott, an den die Christen glauben, sozusagen vor Verwechslungen schützen. Es zeichnet so etwas wie ein Porträt Gottes. Man kann auf diese Weise die christliche Sicht Gottes von anderen Gottesauffassungen abgrenzen. Aber so wenig wie eine Ehefrau mit dem Personalausweis ihres Mannes verheiratet ist oder dieses Dokument liebt, ebensowenig baut der Christ eine Glaubensbeziehung zu den Dogmen und Lehren der Kirche auf obwohl er sie braucht. Er glaubt an den Gott, den diese Dogmen umschreiben.

Dabei ist übrigens eins sehr wichtig: Ein Mensch kann bereits eine Beziehung zu dem lebendigen Gott gefunden haben, ohne dass er zu diesem Zeitpunkt schon alles oder doch das meiste von dem begreift, was das Glaubensbekenntnis über ihn lehrt. Die Begegnung mit Gott geht dem Verstehen Gottes immer voraus!

Wenn die genannten sechs »Lösungsversuche« nicht das Zentrum treffen: wie könnte dann die hilfreiche Antwort lauten? Ich nenne sie »hilfreich« und nicht bloß »richtig«, Sie muss uns also auch persönlich weiterführen.

Hier also mein Versuch: *»Ein Christ ist ein Mensch, der eine Vertrauensbeziehung zu Jesus Christus gefunden hat.«*

Ich nehme an, dass diese Formulierung Sie jetzt nicht mehr allzu stark überraschen wird. Wie ein roter Faden zieht sich die Überzeugung durch dieses Buch, dass Christus die »Hauptsache« am Christentum ist. Von ihm her hat es ja seinen Namen!

Diese überschriftartige Antwort muss nun aber noch stärker präzisiert werden. Es geht nämlich um eine »Vertrauensbeziehung zu Jesus Christus«...,

a) ... *»weil er die Brücke zu Gott darstellt«* (davon war in den letzten beiden Kapiteln die Rede) und ...

b) ... *»weil er letzte Instanz der Welt ist«* (davon handelt das folgende Kapitel).

Zwischenfrage: Wenn meine Erklärung stimmt – würden Sie sich heute als Christ bezeichnen? Bitte denken Sie einen Augenblick ehrlich nach.

## Kapitel 11

# *Jesu Auferstehung*

Das jüdische Gesetz bestimmte, dass Gehängte noch am Hinrichtungstage zu bestatten seien. Die Erfüllung dieses Gebotes war entweder Sache der nächsten Angehörigen oder der örtlichen Gemeinde und ihrer Organe. Im Falle Jesu von Nazareth wurde allerdings ein Fremder tätig. Er hieß Josef und stammte aus der judäischen Landstadt Arimathäa. Er war Mitglied des Synedriums, der obersten jüdischen Behörde, und muss reich gewesen sein, da von ihm berichtet wird, dass er ein eigenes neues Felsengrab besaß. Möglicherweise war er ein Angehöriger des Landadels, der vor allem aus reichen Grundbesitzern bestand. Josef war einer der »stillen« Anhänger Jesu. Er begab sich zu Pilatus und bat ihn um den Leichnam Jesu. Pilatus zeigte sich von der Nachricht überrascht, dass Jesus bereits tot sei, überprüfte diesen Hinweis, fand ihn durch den Leiter des Hinrichtungskommandos bestätigt und sah keinen Grund, den Wunsch des Ratsherrn abzuschlagen. Der Beginn des Sabbath stand zudem unmittelbar bevor und die Bestattung musste, das wusste Pilatus, in Eile vonstatten gehen.

Josef kaufte ein reines Leinentuch, nahm Jesus vom Kreuz ab, wickelte ihn in das Tuch und verwahrte ihn in dem eigentlich für ihn selbst bestimmten Grab.

An diesem Vorgang würde ich gern zweierlei unterstreichen. Erstens: Jesus war wirklich tot. Die These, man hätte ihn scheintot vom Kreuz abgenommen und er habe sich nach und nach wieder erholt, muss in das Reich der Märchen verwiesen werden. Zweitens: Sein Grab war bekannt. Die »Identität« dieses Grabes ist fest verknüpft mit dem Namen des Josef von Arimathäa.

Zwei (nach neutestamentlicher Zählung: drei) Tage später ist das Grab leer. Das wurde von keiner der streitenden Parteien geleugnet. Die Frage war: **Warum** ist das Grab leer? Matthäus berichtet, die Juden verbreiteten »bis heute« die Deutung, die Anhänger Jesu hätten nachts den Leichnam Jesu aus dem Grab gestohlen (Matthäusevangelium, Kapitel 28,11-15). Nach dieser Interpretation steht am Beginn der Geschichte der Urkirche ein Betrug der Christen. Da es sich hier um eine zentrale Frage handelt, muss man noch schärfer sagen: Die Existenz der Kirche beruht demnach auf einer bewussten Lüge.

Die andere Deutung besagt: Das Grab war leer, weil Jesus »auferstanden« war. »Auferstehung« hatte für Juden – und die ersten Christen waren Juden – ,selbstverständlich mit dem Körper zu tun. Sie konnte nicht stattfinden, ohne dass etwas mit dem Leichnam Jesu passierte.

Die ersten Christen begründeten ihre Auffassung in doppelter Weise. Sie wiesen einmal darauf hin, dass

Anhängerinnen Jesu am leeren Grab eine göttliche DEUTUNG für das Fehlen der Leiche Jesu empfangen hätten, und zwar aus Engelmund (Engel gelten in der Bibel vornehmlich als Boten, also Sprecher, Gottes). Da sei ihnen gesagt worden, Jesus sei lebendig, eben »auferstanden«.

Wichtiger war für die Urkirche allerdings die zweite Begründung. Sie besagt, dass JESUS SELBER einer bestimmten Anzahl von Menschen nach seiner Hinrichtung begegnet sei: persönlich und lebendig. Er habe ihnen auf diese Weise selber den Beweis geliefert, dass er sich nicht mehr unter den Toten befinde. Diese Leute könne man nun befragen. Sie seien die Auferstehungszeugen.

Mit diesen kurzen Ausführungen wollte ich Sie zunächst informieren. So also haben die ersten Christen die Dinge gesehen. Sie ließen in Sachen Auferstehung Jesu nicht mit sich reden. Ihr GANZER Glaube hing an dieser Wahrheit. Ich bin sicher, heute ist es nicht anders. Auch Sie werden früher oder später eine eigene Stellungnahme abgeben.

Doch zunächst möchte ich noch zwei naheliegende Missverständnisse kommentieren. Es handelt sich (a) um das spiritistische, (b) um das materialistische Missverständnis .

## Das spiritistische Missverständnis

Der Spiritismus lehrt, dass Verstorbene als körperlose Geistwesen weiterexistieren und dass man Kontakte zu ihnen aufnehmen kann. Seine Voraussetzung, nämlich das Rechnen mit einer körperlosen Fortexistenz der Toten, ist für das Neue Testament kein Problem (die sogenannte »Ganztodtheorie« mancher heutiger Theologen kann sich nicht auf die Bibel berufen). Es gibt im übrigen so viele Berichte von seriösen Leuten, dass ihnen kürzlich Verstorbene sichtbar begegnet seien, dass es auf eine Diffamierung dieser Menschen hinausläuft, eine solche Möglichkeit zu leugnen.

Noch einmal: Christen haben keinen Grund zu bezweifeln, dass grundsätzlich Verstorbene den Lebenden erscheinen können. So sind aber die Osterberichte über Jesus offensichtlich nicht gemeint! Denn bei Totenerscheinungen ist es völlig selbstverständlich, dass der Leichnam zum gleichen Zeitpunkt im Grab ruht. Die Ostergeschichten betonen aber gerade, dass der Auferstandene den Jüngern körperlich entgegentrat. Wenn Sie sich einmal die Zeit nehmen, die letzten Kapitel der vier Evangelien unvoreingenommen zu lesen, werden Sie das rasch merken. Am stärksten wird dies vielleicht im Lukasevangelium, Kapitel 24,36-43 betont. Die These, die Ostererscheinungen seien Totenerscheinungen Jesu gewesen, läuft auf eine radikale Bestreitung seiner Auferstehung hinaus.

## Das materialistische Missverständnis

Hier wird ernstgenommen, dass der verstorbene Jesus wirklich von Gott erweckt worden ist und dass dies, biblischem Denken entsprechend, selbstverständlich seinen Körper einbezieht.

Der Fehler dieser Theorie liegt allerdings darin, dass hier »Auferstehung« dasselbe wie »Wiederbelebung« bedeutet. In diesem Fall hätte Gott also dafür gesorgt, dass wieder Leben in den toten Körper Jesu kam. Jesus hätte dann noch einmal die Möglichkeit erhalten, sein früheres Leben auf der Erde fortzusetzen; er wäre nach dieser Theorie Jahre oder Jahrzehnte später ein zweites Mal gestorben.

Im Gegensatz zu dieser Theorie sagt aber das Neue Testament völlig klar, dass Jesus seit Ostern einen unsterblichen Körper besaß. Man muss ohne Frage von »Leiblichkeit« sprechen, doch ging es um eine nichtmaterielle Leiblichkeit. Der Auferstandene wirkte auf seine alten Bekannten so fremd, dass sie ihn zum Teil erst spät erkannten. Auch konnte er Räume bei verschlossenen Türen betreten. Es handelt sich also bei der Auferstehung Jesu um eine Transformation: Der diesseitige, materielle, sterbliche Körper Jesu wurde in einen jenseitigen, immateriellen, unsterblichen Leib verwandelt. *Damit hat Jesus Sterben und Tod ein für alle Mal hinter sich.*

Ich könnte mir vorstellen, dass Sie ziemliche Probleme mit dem Thema »Auferstehung Jesu« haben. Vielleicht fragen Sie sich auch, ob die persönliche Anerkennung dieser »Behauptungen« eine Voraussetzung dafür ist, Christ zu werden. Ich möchte mich einer ehrlichen Antwort nicht entziehen. Sie folgt gleich. Bitte haben Sie noch einen Augenblick Geduld.

Zunächst ging es mir einfach darum, Sie zu informieren. Die Quintessenz: Die Kernaussagen des Neuen Testamentes zum Thema »Auferstehung Jesu« sind kristallklar. Für beliebige Deutungen ist da einfach kein Raum. Wir **KÖNNEN** wissen, was die ersten Christen meinten. Unsere eigene Stellungnahme ist dann noch einmal eine extra Angelegenheit.

Das Thema »Auferstehung Jesu« hat nun allerdings eine weitere Seite, und die ist für unseren Grundkurs meines Erachtens noch wichtiger. Ostern bedeutet nämlich: Gott hat Jesus nicht nur lebendig gemacht, sondern ihm auch eine Position gegenüber der Menschheit verliehen, die er so vorher noch nicht besaß. In der alten Sprache lautet das: Gott hat Jesus »zu seiner Rechten erhöht«. Wir könnten sagen: Gott hat Jesus in seine eigene Herrschaft einbezogen.

Vielleicht haben Sie gehört, dass nach biblischer Grundauffassung Gott, Jahwe, allein Gott und anbetungswürdig ist. Wer glaubt, glaubt eben nur an Jahwe; wer betet, betet nur zu Jahwe; wer dankt, dankt allein Jahwe. Alles andere wäre ein Verstoß gegen das erste Gebot: »... du sollst keine anderen Götter neben mir haben.«

Aber seit Ostern hat Gott Jesus zum Kyrios, also zum Herrn der Menscheit gemacht. Kyrios war damals ein sehr gefüllter Titel. Unter anderem wurde der Kaiser in Rom als »Kyrios« bezeichnet. Ich übersetze Kyrios mit »letzte Instanz« oder »oberste Autorität«.

Jüdisch geprägte Menschen spürten die Ungeheuerlichkeit des Vorgangs sehr deutlich. Diejenigen, die sich nicht auf ihn einließen, widersprachen schroff. Für sie betete die junge Christenbewegung einen Menschen an. Bis heute ist dieser Konflikt zwischen Juden und Christen nicht beendet. Ein Teil der Juden könnte zustimmen, wenn es darum ginge, **WIE** Jesus an Gott zu glauben und **MIT** Jesus Gott anzubeten.

Was die Christen machten, war aber etwas anderes: Sie glaubten im Namen Gottes **AN** Jesus, sie riefen mit Billigung Gottes **ZU** Jesus, ja, sie beugten ihre Knie in Anbetung **VOR** Jesus – zur Ehre Gottes. Sie waren gewiss, Gott damit nichts wegzunehmen, sondern ihm im Gegenteil zu gehorchen.

An dieser Stelle wird es nun ganz praktisch. Bin ich bereit, Jesus als die letzte Instanz meines persönlichen Lebens anzuerkennen? Denn wenn er wirklich die höchste Instanz für alle Menschen ist, dann geht das ja auch mich an. Anders gesagt: Weil Jesus wie Gott lebt, kann ich ihn anreden, Du zu ihm sagen; weil er **DER** (nicht: **EIN**) Herr ist, soll ich mich ihm unterordnen.

Darum ist die christliche Religion Christusreligion, der christliche Glaube Christusglaube. Jesus als Person steht im Zentrum. Der alte Einwand: »An Gott glaube ich schon, aber nicht an Jesus« lehnt faktisch die Auferstehung Jesu und damit das ganze Christentum ab.

Ich kann jetzt auf das Problem von vorhin zurückkommen, ob man erst Erläuterungen über »Auferstehung« akzeptieren muss, ehe man Christ werden kann. Meine Antwort lautet: Die Hauptsache ist, dass Sie die Stellung, die Jesus seit Ostern hat, praktisch anerkennen, indem Sie ihm Ihr Leben unterstellen. Die Erfahrung hat mich gelehrt, dass die allermeisten Menschen früher oder später auch die andere Seite des Osterzeugnisses (vergleich Seite 111-114) bejahen können; wenn sie ihr Leben dem Auferstandenen erst einmal anvertraut haben.

KAPITEL 12

# *Lebensübergabe - praktisch*

Am Anfang sollte eine klare Ortsbestimmung stehen. Dazu können die folgenden drei Schaubilder helfen. Sie sind recht einfach, treffen aber das Wesentliche. Bitte schauen Sie sich das erste an:

Der Kreis, den Sie da sehen, versinnbildlicht das menschliche Leben. In seiner Mitte befindet sich ein stilisierter Thron. Es gibt nämlich im Zentrum jeder Person so etwas wie eine innere Befehlszentrale. In der Sprache der Bibel heißt sie »Herz«. Auf dem »Thron« erblicken Sie ein »E«, das für Ego (das eigene Ich) steht. Außerhalb des Kreises sieht man ein Kreuz. Es soll Jesus Christus symbolisieren.

Jesus Christus kommt also im Leben dieser Person gar nicht vor. Das muss nicht bedeuten, dass sie nichts von seiner Existenz weiß oder ihn in jeder Hinsicht ablehnt. Er hat nur eben keinerlei Einfluss auf ihre Überzeugungen und praktischen Entscheidungen. Sie bezeichnen sich selber als »Ungläubige«, »Atheisten«, »Agnostiker« oder als jemanden, der »mit dem Glauben nichts am Hut hat«, Möglicherweise war diese Person auch niemals Mitglied der Kirche oder hat sie seit langem verlassen.

Der Mensch, der sich so versteht, möchte sein Leben also ohne Abhängigkeit von Jesus oder auch einer anderen religiösen Instanz über sich führen. Das große »E« in der Mitte seines Lebens soll übrigens NICHT andeuten, dass er ein offener oder verkappter Egoist sei. Er kann mit dieser Grundhaltung viel Hilfsbereitschaft und Einfühlungsgabe gegenüber seinen Mitmenschen verbinden.

Nebenbei: Es ist nicht so einfach, ein konsequenter Atheist zu sein. Diese Position erfordert große intellektuelle und existentielle Konsequenz!

Nun zu dem zweiten Schaubild. Sie erkennen sofort, worin es sich von dem ersten unterscheidet: Das Kreuz ist nun in den Kreis EINBEZOGEN. Im Leben dieses Menschen »kommt« Christus »irgendwie vor«. Ich drücke mich vage aus – diese zweite Position ist nämlich in sich vage. Überraschend nur: Die Abstufungen **INNERHALB** dieser Position sind riesig. Ich will das erläutern.

Auf der sozusagen untersten Ebene geht es einfach darum, dass man als Säugling getauft wurde, nicht aus der Kirche ausgetreten ist und das Christentum grundsätzlich positiv beurteilt. Ein stärkeres religiöses Engagement zeigt, wer in unregelmäßiger Folge an den Gottesdiensten seiner Kirche teilnimmt – sagen wir: zehnmal im Jahr.Immer noch im Rahmen dieses Modells bewegt sich, wer die Gottesdienste regelmäßig besucht und auch ein inneres Verhältnis zum Abendmahl gefunden hat. Es ist weiterhin möglich, dass ein Kirchenmitglied nicht nur die Gottesdienste seiner Konfession besucht, sondern auch auf bestimmten Gebieten aktiv mitarbeitet. Schließlich, und das mag Sie überraschen, ist es im Rahmen dieser Lebensform möglich, ein »Berufschrist« zu werden, also Diakon oder Pfarrer, Ordensschwester oder Mönch.

Ich könnte verstehen, wenn mir einige von Ihnen an dieser Stelle Überheblichkeit vorwerfen. Wie könne ich passive Kirchenmitglieder und z.B. Diakonissen, die ihr ganzes Leben für Gott hingäben, innerhalb **EINES** Modells unterbringen? Und woher wüsste ich

– selber ein Berufschrist – denn, dass bei den Berufschristen soviel »faul« sei? Maßte ich mir nicht ein Wissen an, das nur Gott zustehe?

Die kritischen Rückfragen sind berechtigt; ich muss erklären, was ich meine. Meine These lautet ja: Es gibt eine Form christlicher Religion, der das Entscheidende fehlt: Der Mensch behält das Verfügungsrecht über das eigene Leben fest in der Hand. Er lässt sich nicht los. Er findet nicht zur eigentlichen Hingabe. Vor ihr fürchtet er sich entweder, oder er hat nicht einmal von ihrer Möglichkeit bzw. Notwendigkeit gehört. Darum bleibt er ständig in einer letzten Distanz zu Christus. *Und diese Distanz wird noch nicht dadurch überwunden, dass man seine religiösen Aktivitäten verstärkt oder das Christsein zum Beruf macht.*

Der Grund dafür, dass ich das so sagen kann, liegt nicht nur in meinem Verständnis der Bibel oder meiner persönlichen Geschichte mit Gott. Ich habe viele fromme Menschen davon reden hören, wie sie Christen wurden, darunter eben auch zahlreiche Berufschristen. Warum soll ich all diesen Menschen misstrauen, die freiwillig berichtet haben, wie sie, oft nach Jahren eines auffälligen religiösen Engagements, sich der Herrschaft Christi wirklich unterstellten und ihr Leben dadurch verändert wurde?

Schließlich wollen wir einen Blick auf das dritte Schaubild werfen. Es skizziert die normale Gestalt des Christseins: Der Mensch ist vom Thron seines Lebens herabgestiegen; Christus »besitzt« die innere Machtzentrale. Dazu muss ich Ihnen ein paar Erläuterungen geben.

**Erstens:** Ein solcher Herrschaftswechsel erfolgt nicht nebenbei, über Nacht, unbewusst. Ihm gehen innere Widerstände und Kämpfe voraus. Da Christus ihn niemals erzwingt, geht es hier um eine freiwillige

Entscheidung. Wer sie getroffen hat, erinnert sich natürlich daran. Sie können also **WISSEN**, ob Sie diesen Schritt jemals getan haben.

ZWEITENS: Das eigene Ich, der persönliche Wille, wird nicht »zerbrochen« oder »abgetötet«, sondern Christus unterstellt. An menschlichen Marionetten ist Christus nicht interessiert. Es bleibt bei einem wirklichen Gegenüber. Die Freiheit Ihrer Entscheidung wird auch nach Jahrzehnten der Abhängigkeit von Jesus nicht verletzt.

DRITTENS: Wer diesen Schritt getan hat, wird dadurch nicht sündlos. Im Gegenteil: Erst im Raum seiner neuen Abhängigkeit erkennt der Christ, was in seinem Leben jetzt anders werden muss. Früher, als er sich die letzten Entscheidungen noch selber vorbehielt (allenfalls darum bat, Gott möge sie »segnen«), hatte er kaum einen Blick für seine eigene Sünde. Jetzt wird sein Gewissen neu gepolt; viele Dinge, die er früher für »völlig harmlos« hielt, weil doch angeblich jeder sie tat, erkennt er nun als falsch.

VIERTENS: Wenn die geistliche Entwicklung gesund verläuft, vertiefen sich die Liebe und die Hingabe an Christus immer mehr. Es kann aber auch sein, dass sich der Bekehrte ganz heimlich seine alten »Rechte« zurückholt. Dann muss sich seine neue Sprache keinesfalls ändern. Die Formen können bleiben – das Herz aber entfernt sich von Christus; der alte Drang nach Unabhängigkeit macht sich wieder breit. Ich meine nicht, dass eine solche Entwicklung unvermeidbar wäre. Nur verlangt die Ehrlichkeit, dass ich diese Gefahr erwähne. Was dann zu tun ist? Ganz einfach: erneute Umkehr. Wer den Schritt zu Christus bereits einmal gegangen war, weiß ja schon, »wie es geht«.

*Haben Sie sich in einer dieser Möglichkeiten wiedererkannt? Es gibt wirklich, bezogen auf den gegenwärtigen Augenblick, nur die drei. Aber Wechsel sind möglich.*

## Was hält mich ab?

Zunächst möchte ich auf grundlose Befürchtungen eingehen. Ich nenne sie grundlos, weil sie auf Missverständnissen beruhen. Aber vielen Menschen erscheinen sie sehr real.

Da ist einmal die Angst, die eigene Persönlichkeit zu verlieren. Werde ich nur noch als Marionette funktionieren? Ich hatte vorhin schon gesagt, dass davon keine Rede sein kann. Jetzt möchte ich hinzufügen: Gott sehnt sich nach Partnern, Menschen, mit denen er in einer Beziehung der Liebe stehen kann. Er möchte ein Ich-Du Verhältnis zu jedem von uns. Liebe aber ist nur in völliger Freiheit möglich.

Ich fürchte, dass oft hinter der Angst vor einem »Persönlichkeitsverlust« bewusst oder unbewusst Erfahrungen mit einer manipulativen Frömmigkeit stehen. Leider gibt es sie, diese Religiösität, die sich nur durch ein gewisses Maß an Zwang behaupten kann. Sie möchte »ja nur dein Bestes« und richtet doch unermesslichen Schaden an. Ich weiß nur eins: Christus ist nicht so!

Manche Menschen befürchten, sie hätten keinen Spaß mehr, wenn sie ihr Leben Christus übergäben. Das ist, vom Innenraum des Glaubens her gesehen, eine absurde Vorstellung. Zu den auffälligsten und sichersten Merkmalen eines gesunden Jesusglaubens gehört es, dass Menschen eine Freude kennenlernen, die ihren Alltag wie ein Unterstrom durchzieht. Sie lachen mehr als andere und selbst dann noch, wenn ihre Mitmenschen nichts mehr zu lachen haben.

Ich nehme nun an, dass hinter der eben geäußerten Angst zwei »Argumente« stecken. Einmal ist fast jeder schon »christlichen« Lebensäußerungen begegnet, die alles andere als fröhlich waren. Sie erweckten vielmehr den Eindruck von Spießigkeit, Verklemmtheit, falscher Feierlichkeit, von Steifheit und von Kühle. Da »kam keine Freude auf«. Für die meisten Deutschen ist dieses Bild von Kirche so typisch, dass eine bloße Versicherung (»Christen erleben mehr Freude als andere«) nicht so schnell dagegen ankommt.

Die Angelegenheit hat aber auch eine andere Seite. Wer vor der Lebensübergabe an Christus steht, spürt natürlich, dass er einige Dinge aufgeben muss, wenn er Christ wird. Er weiß, was ihm bisher »Spaß gemacht« hat. Die Vermutung lässt sich nicht von der Hand weisen, dass Christus einiges davon nicht mehr durchgehen lassen wird. Die Gläubigen deuten nun, so scheint es ihm, etwas von »höheren Freuden« an. Angeblich soll es zum Beispiel Spaß machen, »Gott zu loben«. Er selber war aber schon von jeher für »kurze Gebete«. Mit anderen Worten: Das eine oder andere wird er wohl verlieren; die »geistlichen« Freuden erscheinen ihm zu »abgehoben«. – Man müsste diese Gläubigen im Alltag kennenlernen, dort, wo es hart wird ...

Und dann ist da noch die Angst vor Überforderung. Dieser Gott, mit dem man ja noch nicht vertraut ist, könnte irgendwas äußerst Schweres von einem verlangen: dass man sein schönes Haus verkauft, den Beruf aufgibt, dafür in den Urwald geht. Dort hätte man dann in einer Höhle zu leben und sich von Regenwürmern zu ernähren ...

Es stimmt schon, dass sich die Forderungen Jesu Christi an seine Nachfolger von den gängigen Standards unserer Gesellschaft unterscheiden. Aber er legt die Messlatte ganz behutsam höher. Es gibt da keine Sprünge, noch weniger irgendwelche Gewaltsamkeiten. Das Wichtigste, was Jesus uns zuerst und zuletzt klarmachen möchte, ist, dass er uns unbeschreiblich liebt. Wenn Sie sich ganz tief geliebt fühlen, bringen Sie auch Opfer. Allerdings: Die Reihenfolge ist nicht umkehrbar.

Ich sprach von grundlosen Befürchtungen. Im Blick auf sie wollte ich Sie beruhigen. Es gibt aber auch Hinderungsgründe, die man nicht »wegreden« kann.

Da sind zuerst die »fremden Götter«, Das sogenannte Erste Gebot der Bibel lautet: »Ich bin der Herr dein Gott; du sollst keine anderen Götter neben mir haben.« Sie müssen einfach wissen, dass Christus sich auf geistliche Konkurrenzverhältnisse in Ihrem Leben nicht einlässt. Damit ist mehreres zugleich gemeint.

Vielleicht sind Sie bisher von der Annahme ausgegangen, dass alle großen Religionen im Grunde dasselbe wollen bzw. dass der »Gott«, den sie meinen, eigentlich überall der gleiche sei. Nur die Namen seien variabel. Sie haben dann den Schluss gezogen, man könne das »Beste« aus verschiedenen Religionen kombinieren. Waren Sie schon vorher religiös, allerdings nicht christlich gebunden, so könnten Sie nun Ihr System erweitern: Christus würde den krönenden Abschluss bilden.

Solche Kombinationen sind zum Beispiel im Hinduismus denkbar. Für das Christentum war immer klar, dass so etwas unmöglich ist. Sie müssen sich also an dieser Stelle entscheiden. Sagen Sie ja zu Christus, ohne für Ihre Person zugleich nein zu sagen zu jedem anderen religiösen Weg, so wird sich Christus Ihnen nach und nach entziehen. Eine solche Auffassung widerspricht natürlich dem Empfinden der Mehrheit der Deutschen. Stört Sie das sehr? Dann werden Sie möglicherweise Ihre Glaubensreise beenden, ehe Sie sie angetreten haben.

Wenn ich von fremden Religionen spreche, muss ich inzwischen in Deutschland auch den Satanismus erwähnen. Von der Gestalt Luzifers geht immer wieder eine seltsame Anziehungskraft aus. Für das Christentum ist er ein gefallener Engel – mächtig, hochbegabt, lebensgefährlich. Als Spielzeug dient er nur im Kasperletheater. Wer ihn religiös verehrt, steht im extremen Gegensatz zu Jesus Christus.

In diesem Zusammenhang kann ich das Thema »Meditation« nicht ganz übergehen. Es gibt – nicht jedermann bekannt – jahrhundertealte christliche Meditationspraktiken. Das heißt: Meditation ist nicht gleich Meditation. Das meiste, was hierzulande unter diesem Namen angeboten wird, kommt allerdings aus dem fernen Osten. Es hat seine Wurzeln im Hinduismus oder Buddhismus. Diese Wurzeln sind den Insidern bekannt. Die Ziele sind ebenfalls religiös, auch wenn nach außen hin zunächst »Entspannung« versprochen wird. Wer ein »Mantra« zugesprochen bekommt, weiß oft nicht, dass es sich um den Namen einer hinduistischen Gottheit handelt. Wenn Sie bisher in diesem Sinne meditiert haben und nun Christ werden wollen, tun Sie gut daran, von ihrer Meditationspraxis Abstand zu nehmen. Den religiösen Leerraum wird ja Christus ausfüllen, so dass Sie in dieser Hinsicht nicht zu kurz kommen. Sie werden auch feststellen, dass Ihnen als ein Nebeneffekt des Lebens mit Jesus Christus eine größere innere Ruhe geschenkt wird. Falls Sie es brauchen, stehen Ihnen weiterhin Entspannungsmethoden zur Verfügung, die religiös neutral sind: Neben Wasseranwendungen, Gymnastik, Joggen u. ä. zum Beispiel die progressive Entspannung nach Jacobson.

Das Thema der echten Glaubenshindernisse ist so wichtig, dass ich noch ein bisschen dabei verweilen muss. Mir macht das keine besondere Freude. Es ist nur so: Je eindeutiger Sie sich von Ihrem alten Leben verabschieden, umso mehr Freude haben Sie am neuen. Umgekehrt: Je mehr Sie von Ihrer vorchristlichen Denk- und Lebensweise in die Welt des Glaubens hineinschleppen, umso mehr Kräfte werden von Anfang an gebunden.

Zu einem »Gott« können auch schöne, positive, wertvolle Dinge werden. Denken Sie einmal an Geld, Sexualität, Karriere, Sport, Gesundheit oder Kunst.

**Geld:** Zunächst einmal eine großartige Sache. Es erweitert nicht nur die Lebensmöglichkeiten dessen, der es besitzt, sondern befähigt ihn auch, anderen Gutes zu tun. Viele Reiche haben von dieser Möglichkeit Gebrauch gemacht. Dem steht die tödliche Faszination des Geldes gegenüber. Das Denken kann eng, das Herz hart werden. Habgier und Geiz zerstören alle Großzügigkeit. Kein Wunder, dass die Bibel in diesem Falle von Götzendienst spricht. – Ihr Problem?

SEXUALITÄT: Die Hinwendung zum anderen Geschlecht kann Selbstvergessenheit, Hilfsbereitschaft, Opfergesinnung, Zartheit, Poesie, Musikalität freisetzen. Sexualität ist eine wunderbare Kraft. Wer sie verteufelt, greift die Weisheit und Größe Gottes an. Dem steht gegenüber: Sexualität als Machtmittel, als ein Instrument, um eigene Triumphe zu feiern; Sexualität als Konsumartikel, der suchtartig genossen wird; Sexualität als Seelentrost, um die eigene Einsamkeit zu übertönen. Also: Die Vergötzung der Sexualität ist ein zeitloses Problem. – Ihr Problem?

KARRIERE: Der Mensch muss sich erproben. Er muss die Grenzen seiner Begabungen und seiner Leistungsfähigkeit ausloten. »Erfolg« umschreibt ein Ziel, dessen sich zunächst niemand zu schämen braucht. Viele Christen täten gut daran, an dieser Stelle schnellstens umzudenken. Das ist die eine Seite. Die andere: Der berufliche Erfolg, die Karriere, kann so sehr an die erste Stelle rücken, dass menschliche Beziehungen, zum Beispiel die eigene Ehe, oder die Gesundheit zerstört werden. Am Ende bleiben kranke und einsame Menschen zurück. – Ihr Problem?

SPORT: Dass er Spaß machen kann, ist allen bekannt. Sein gesundheitlicher Wert ist unbestritten. Die Disziplin, die er verlangt und zu der er führt, kann sich psychologisch günstig auswirken. Auch Leistungssport lässt sich aus unserer Kultur nicht mehr wegdenken. Was heißt dann: Vergötzung des Sports? Es bedeutet, soviel Sport zu treiben, dass man sich dauerhafte gesundheitliche Schäden zuzieht; sein Leben aufs Spiel setzen, weil man es im vorgerücktem Alter noch einmal »wissen will«; sportlichen Erfolg als Droge brauchen; seine ganze Selbstachtung davon abhängig machen, dass man die Nummer eins wird; mit illegalen Mitteln nachhelfen, weil sonst die erwünschte Leistung nicht möglich erscheint. – Ihr Problem?

**Gesundheit:** Jenseits aller weltanschaulichen Stellungskriege gibt es heute ein einigermaßen gesichertes Wissen darüber, was für Menschen in unseren Breiten gesund ist – und was nicht. Nicht nur der nackte Egoismus auch soziale Gründe zwingen dazu, die Gesundheitsfrage ernst zu nehmen. Wer Christ ist, hat noch ein Motiv mehr, genauer gesagt, das entscheidende Motiv, auf seine Gesundheit zu achten: Er weiß, dass sein Körper ihm nicht mehr wie ein Besitz gehört, dass er Gott mit seinem Leib verherrlichen soll. – Dem steht gegenüber: Gesundheit als Fetisch; ein Denken, das permanent um die Frage der Zuträglichkeit von Nahrungsmitteln kreist; das ängstliche Kalorienzählen usw. Hier ist die Gesundheit zum Gott geworden, der das ganze Lebensgefühl terrorisiert. Wieviel Angst tritt da zutage! – Ihr Problem?

Schließlich die **Kunst**. Was jahrhundertelang Privileg führender Schichten war, ist heute bei uns prinzipiell jedermann zugänglich, ja, es wird staatlich subventioniert.

Die Freude an dem eigenen gelungenen Kunstwerk, das Bewusstsein, andere erfreuen zu können, umgekehrt das gute Gewissen, wenn man sich genussvoll der Welt der Kunst zuwendet – das alles ist, aus christlicher Sicht, absolut legitim. Auf der anderen Seite war und ist die Kunst immer wieder der Tempel, den der Mensch sich selber errichtet hat, wurden Künstler »angebetet« (bitte, achten Sie auf diese Sprache!), fassten die Begeisterten schlicht das Kunsterlebnis als Religionsersatz auf. Gerade weil das Schöne – aus christlicher Sicht – ein Abglanz der Herrlichkeit des Schöpfers ist, wurde ihm eine Stellung eingeräumt, die nur Gott selber zusteht. Der Satz: »Ich lebe allein für die Kunst« kommt einer Ablehnung Gottes gleich. – Ihr Problem?

Niemand sollte einem **ANDEREN** allzu rasch »Götzendienst« vorwerfen. Vielleicht versteht er selber einfach nicht, wieso der Mitmensch Dingen ein solches Gewicht beimisst, die ihm persönlich gleichgültig sind. Es kann aber sein, dass die feine leise Stimme zu Ihnen spricht: »Stoße diesen Götzen von seinem Sockel!« Dann wissen Sie, dass Sie Veränderungen vornehmen müssen.

## Okkulte Praktiken

Das Thema »Okkultismus« ist sehr groß und vielschichtig. Es füllt viele Bücher. In den letzten Jahren ist es immer salonfähiger geworden. Die »verborgene Welt« hinter den Dingen wird für mehr und mehr Menschen attraktiv; sie verspricht sogar Hilfen zur Lebensbewältigung. Man kann gegen diesen Trend im Namen der Wissenschaft zu Felde ziehen und solche Bemühungen als »Aberglauben« lächerlich machen; die Mehrzahl der Menschen wird sich davon nicht beeindrucken lassen.

Im Zusammenhang unseres Grundkurses des Glaubens geht es um eine andere Frage . Ich vermute, dass Sie noch immer in diesem Buch weiterlesen, weil Sie sich über das neue Leben des Glaubens informieren wollen. Unter dieser Fragestellung erscheint der Okkultismus als Einschränkung geistlicher Freiheit. Ich meine das so: Menschen, die sich ernsthaft über eine bestimmte Zeit auf okkulte Betätigungen eingelassen hatten und jetzt zu Jesus Christus kommen wollten, erlebten innere Widerstände, in manchen Fällen sogar Blockaden. Sie konnten zum Beispiel den Namen Jesus im Gebet nicht über die Lippen bringen. In einem Bild gesprochen: Sie fühlten sich wie jemand, der an einem traumhaft schönen Sommertag auf einem romantischen See Boot fahren will, aber nicht vom Ufer wegkommt – trotz angestrengten Ruderns. Schließlich entdeckte er, dass das Boot unter der Wasseroberfläche mit einem Seil am Ufer befestigt war. Ohne Bild ausgedrückt: Die Glaubensfahrt wurde gebremst durch vorangegangene okkulte Betätigungen.

Beispielhaft erwähne ich drei Bereiche des Okkultismus. Aus christlicher Sicht stellen Sie Grenzüberschreitungen dar.

### *1. Überschreitung der Grenze zur Totenwelt*

Zweifellos gibt es eine Welt, in der die Verstorbenen weiterexistieren – körperlos, aber nicht ohne Bewusstsein. Immer wieder haben nun die Lebenden versucht, über sogenannte Medien mit den Toten Kontakt aufzunehmen. Dabei kam es oft zu dramatischen Erlebnissen. Die Bibel untersagt solche Versuche strikt. Sie stellen ein Vergehen gegen das erste Gebot dar. Spiritismus ist also keine christliche Möglichkeit.

### *2. Überschreitungen der Grenze zur Zukunft*

Unser Leben ist so eingerichtet, dass wir die Zukunft nicht kennen. Wir sind wie durch einen Vorhang von ihr getrennt. Es ist nun nicht bloß Neugier, sondern ein weit verbreitetes Sicherheitsbedürfnis, das Menschen dazu bringt, Blicke hinter den Vorhang zu versuchen.

Wenn da nämlich Gefahren auf sie zukommen, dann möchten sie es lieber vorher wissen, um ihnen auszuweichen zu können. Wenn es Tage sicheren Gelingens gibt, so möchten sie sie besonders nützen. Die Astrologie hat heute Hochkonjunktur. Ich denke nicht daran, dieses Unternehmen lächerlich zu machen. Aber diese Zeilen sind für Leute geschrieben, die Christen werden wollen. Die werden sich entscheiden müssen zwischen einer Abhängigkeit, die durch die Beachtung von Horoskopen, Kartenlegen usw. entsteht, und dem konkreten Vertrauen auf Christus. Wie gut haben es Christen, die ihre ganze Zukunft in die Hände eines liebenden Gottes legen und, ohne nach günstigen Tagen zu fragen, das als richtig und notwendig Erkannte tun!

### *3. Überschreitung der Machtgrenze*

Immer wieder erleben Menschen die Grenzen ärztlichen Könnens. Sie nehmen wahr, dass ihnen von diesen Fachleuten nicht oder nicht rasch genug geholfen werden kann. Ihr Leiden geht aber weiter, und es ist manchmal äußerst schmerzhaft. Daher verwundert es nicht, dass häufig sogar Ärzte ihren Patienten »Adressen« geben, also die Namen von Personen, bei denen man sich »besprechen« lassen kann. Wer sich klarmacht, wie schmerzhaft zum Beispiel eine Gürtelrose ist und wie lange es dauert, bis eine schulmedizinische Behandlung anschlägt, kann den Gang zu einer Besprecherin durchaus verstehen.

Der Vorgang des Besprechens ist nicht denkbar ohne bestimmte religiöse Formeln. Fragt der Hilfesuchende bei der Besprecherin nach, so wird sie ihm vielleicht versichern, sie glaube an Gott. Die Formel, die da benutzt wird, kann durchaus die drei höchsten

Namen enthalten. Trotzdem handelt es sich um einen Missbrauch. Die Fachleute sprechen hier von Magie. Magie bedeutet, dass Menschen den Namen Gottes zur eigenen **MACHTAUSÜBUNG** benutzen. Das kann durchaus wirkungsvoll sein. Die Warze, die Gürtelrose verschwinden. Äußerlich tritt »Heilung« ein. Aber innerlich wird der Mensch gebunden. Denn jene Art von Autorität, die die Besprecherin einsetzt, ist eben Macht**MISSBRAUCH**.

Wenn Sie sich über einen längeren Zeitraum okkult betätigt haben, aber zu Jesus Christus kommen wollen, sollten Sie (a) mit solchen Praktiken aufzuhören, (b) Gott um Vergebung für ihr diesbezügliches Verhalten bitten. Falls Sie an einem »Grundkurs des Glaubens« teilnehmen, dem dieses Buch zugrunde liegt oder in dem es den Teilnehmern empfohlen wird, werden Sie dort auch Christen finden, die gern mit Ihnen beten, dass Sie an dieser Stelle innerlich frei werden:

## Wie geschieht der Schritt der Lebensübergabe?

Gott geht mit jedem von uns sehr persönlich um. Er kennt uns besser, als wir selber uns kennen. Darum gibt es an dieser Stelle kein Schema.

Die Hinwendung zu Jesus kann also am Ende einer langen Zeit des Suchens stehen, sie kann aber auch verhältnismäßig plötzlich erfolgen. Sie kann mit aufwühlenden Gefühlserlebnissen verbunden sein, aber auch sehr nüchtern geschehen. Sie kann wie ein tiefer Einschnitt empfunden werden, Menschen können aber auch schrittweise in sie hineinwachsen. Man kann diesen Schritt ganz allein vollziehen, er kann aber auch vor menschlichen Zeugen, etwa in der Seelsorge oder vor einer Gruppe, geschehen. Es gibt allerdings auch Elemente dieser Lebensübergabe, die nicht so variabel sind. Bitte beachten Sie vier Punkte.

ERSTENS: Geben Sie Ihr Leben nicht irgendjemandem, sondern Jesus Christus. Ich hoffe, dass Ihnen inzwischen klar geworden ist, wie wichtig Eindeutigkeit im christlichen Glauben ist. Vielleicht fragen Sie trotzdem: »Genügt es nicht, wenn ich mich Gott hingebe?« Meine Antwort: Jesus ist das uns zugewandte Gesicht Gottes. Sein »Name« macht die Hingabe eindeutig. »Gott« ist ein sehr allgemeiner Begriff. Man kann sich alles und jedes darunter vorstellen. Ein Glaube, der mit einer vagen Hingabe beginnt, wird auch eine vage Fortsetzung finden. Sie werden spüren, dass der Name Jesu besonders ist. Ihn auszusprechen, kostet zuerst Überwindung. Sie legen sich fest für den Rest Ihres Lebens. Oder wollen Sie das – halbbewusst – vermeiden?

ZWEITENS: Legen Sie Ihr Leben aktiv in seine Hände. Bitten Sie nicht: »Herr, lass mich dir mein Leben geben«. Er lässt Sie! Auch die Bitte: »Hilf mir, dass ich mich dir anvertraue!« verlagert die Verantwortung. Er hat Sie an diesen Punkt gebracht; nun wartet er auf Sie. Tun Sie jetzt selber den Schritt! Beten Sie etwa: »Jesus Christus, ich übergebe dir jetzt mein Leben.«

DRITTENS: Geben Sie Jesus Christus alles Negative Ihres Lebens. Wir sprachen ja von der Möglichkeit, ihm einen »Beichtbrief« zu schreiben. Er freut sich, wenn Sie auf sein Angebot, Ihnen zu helfen, eingehen. Es verletzt ihn nicht, wenn Sie den Müll Ihres Lebens bei ihm abliefern. Von wem sonst könnte man das sagen?

VIERTENS: Geben Sie ihm aber auch alles Positive in Ihrem Leben. Sie haben, wie jeder andere auch, starke

Seiten, Fähigkeiten, mit denen Sie Menschen helfen, durch die Sie Freude verbreiten können. Schenken Sie ihm diese Gaben. Er wird Sie Ihnen zurückgeben. Sie sind dann allerdings kein Besitzer mehr, sondern nur noch Verwalter.

Wenn es möglich wäre, würde ich Sie jetzt gern fragen, wie Sie sich im Augenblick fühlen. Gerade dieses letzte Kapitel hat in Ihnen vielleicht den Eindruck entstehen lassen, dass Christwerden eine recht schwierige Sache ist und dass man doch das eine oder andere aufzugeben hat. Ich möchte nun nicht einfach das Gegenteil behaupten. Eines ist allerdings sicher. *Wir alle sind zu unglaublichen Veränderungen bereit und imstande, wenn wir den Eindruck haben, dass es sich lohnt.*

KAPITEL 13

# *Ein gasförmiges Wirbeltier?*

Wir haben von dem gesprochen, was am Karfreitag passierte. Wir haben über den Sinn von Ostern nachgedacht. Sie erinnern sich wahrscheinlich: Es gibt auch noch das Pfingstfest. Da geht es um die »Ausgießung des Heiligen Geistes«. Pfingsten wird auch der »Geburtstag der Kirche« genannt. Also beginnt die Kirche, wenn der Heilige Geist kommt. Ohne den Heiligen Geist keine Kirche? Genau so ist es gemeint.

Vielleicht finden Sie es strapaziös, dass nach so vielen schwierigen Themen dieses Glaubenskurses jetzt noch ein neues, ebenfalls kompliziertes Thema drankommt. Ich verstehe diese Befürchtung. Unter den Fachleuten der Theologie gilt der Heilige Geist als »Problem«. Die Nichtfachleute können aber im allgemeinen auch nicht viel mit ihm anfangen. Ein Schüler, auf das Stichwort angesprochen, nannte den

Heiligen Geist versuchsweise ein »gasförmiges Wirbeltier«. Ratlosigkeit auf der ganzen Linie!

Auch bei dieser Thematik geht es mir – im Rahmen unseres Kurses – nicht in erster Linie um Wissensvermittlung. Theologische Spezialfragen müssen hier ja nicht erörtert werden. Aber der Heilige Geist ist eben keine »Spezialfrage«. Meine These lautet: Wer als Christ die Macht des Heiligen Geistes nicht kennt, führt ein unsagbar anstrengendes Glaubensleben! Doch nun der Reihe nach.

Zunächst: Der Heilige Geist ist kein Fluidum, kein Einfluss, keine Kraft, keine Energie, also kein »Es«, es handelt sich vielmehr um einen »Er«. Der Heilige Geist ist, in traditioneller Sprache ausgedrückt, die dritte Person der Gottheit. Die Christen sprechen von Gott dem Vater, Gott dem Sohn, Gott dem Heiligen Geist. Diese Formulierung ist nun wirklich mehr, als der Grundkurs aufarbeiten kann. Dennoch sollte jeder Anfänger im Glauben festhalten: Wenn ich es mit dem Heiligen Geist zu tun bekomme, dann bekomme ich es mit Gott selber zu tun. Über Energien oder Einflüsse kann ich in soweit verfügen, dass ich sie mir dienstbar mache, sie benutze, gebrauche. Den Heiligen Geist kann ich mir nicht zunutze machen, ihn kann ich nicht gebrauchen. Nein, er möchte über **MICH** verfügen!

Wenn der Heilige Geist auch keine Kraft oder Energie **IST**, so **SCHENKT** er doch Kraft. Damit bin ich jetzt beim Nerv dieses Kapitels angelangt. Gott will nicht, dass unser Glaube kraftlos ist, dass wir aus eigener Energie und folglich von der eigenen Substanz leben. Ich möchte es einmal mit einem technischen, also etwas einseitigen, Bild ausdrücken: Wenn Gott uns den Glauben schenkt, vertraut er uns so etwas wie ein schönes fahrtüchtiges Auto an. Der Motor ist natürlich Jesus Christus. Den Treibstoff aber stellt der Heilige Geist dar! Das beste Auto ist ohne Treibstoff unbrauchbar. Man muss es voran bewegen, statt dass es einen selber voranbewegt. Ohne den Heiligen Geist würde der Glaube zu einer Schinderei. Wir wären bald müde und ausgepumpt. In diesem Sinne geht es im Neuen Testament weniger um eine »Lehre« als vielmehr um die Erfahrung des Heiligen Geistes. Und weil ich nicht möchte, dass Sie erschöpfte Christen sind, schließe ich dieses Thema hier an. Es geht also, noch einmal sei`s gesagt, nicht um eine Forderung an Sie, sondern um ein Geschenk Gottes.

## Bilder für den Heiligen Geist

Das Neue Testament redet von Gottes Geist in Bildern. Ich möchte drei von ihnen nennen und erläutern.

Zunächst das Bild vom **Wind** (oder Sturm). In der Erzählung vom ersten Pfingstfest heißt es: »Plötzlich hörte man ein mächtiges Rauschen, wie wenn ein Sturm vom Himmel herabweht. Das Rauschen erfüllte das ganze Haus, in dem sie waren« (Apostelgeschichte, Kapitel 2,2). Es wird nicht gesagt, dass es sich um einen wirklichen Sturm handelte, dass also zum Beispiel Gegenstände von den Tischen flogen. Der Erzähler findet allerdings, dass man diese eigenartige Erfahrung am ehesten mit dem Brausen eines Sturms vergleichen kann. Wind bedeutet seit alter Zeit Energie. Denken Sie nur an Segelschiffe, zum Teil mächtige »Kahne«, die mit Hilfe von Windeskraft über die Meere fuhren, oder an Windmühlen, die erhebliche Arbeitsleistungen vollbrachten. Spricht also die Bibel vom Geist Gottes im Bild des Windes, so will sie sagen: Er kann euer Leben kraftvoll in Bewegung bringen.

Weiter ist da das Bild vom FEUER. Um wieder die Pfingstgeschichte zu zitieren: »Dann sah man etwas wie Feuer, das sich zerteilte, und auf jeden von ihnen ließ sich eine Flammenzunge nieder« (Apostelgeschichte, Kapitel 2,3). Auch hier ist nicht von wirklichen Flämmchen die Rede. Es wird nicht berichtet, dass es nach verbrannten Haaren gerochen hätte oder dass Schmerzensschreie zu hören gewesen wären. Das Feuer fasziniert Menschen seit alters. Es ist unberechenbar: einerseits wärmt es, andererseits wirkt es zerstörerisch. Gebraucht das Neue Testament dieses Bild für den Heiligen Geist, so soll selbstverständlich nicht gesagt werden, dass der Geist uns verbrennt und in Asche legt. Ich möchte diesen Aspekt so umschreiben: Der Heilige Geist ist und gibt LEIDENSCHAFT. Im Deutschen benutzen wir die Bildersprache des Feuers häufig. Wir »brennen« darauf, jemanden wiederzusehen; wir behaupten, einer habe mit »glühender« Begeisterung gesprochen; man erzählt uns, der Zorn jener Frau sei »aufgeflammt«; es heißt, der Redner habe die Menge »angefeuert« usw.

Gehören Glaube und Leidenschaft zusammen? Die meisten Deutschen würden das wohl bestreiten. Leidenschaft billigen wir Menschen zu in der Liebe, Schauspielern auf der Bühne, Fußballzuschauern im Stadion, Teenagern im Rockkonzert, Politikern bei Parlamentsreden – aber bitteschön nicht normalen Christen im Alltag. Zeigen sie davon etwas, so beweist das zweifellos, dass sie »in eine Sekte geraten« sind.

Wenn aber Glaube das Ergriffensein von dem ist, was mich unbedingt angeht (erinnern Sie sich an diese Stelle in Kapitel 2?), dann ist er ohne Leidenschaft nicht denkbar. Dann drückt er sich auch in Begeisterung aus. Die sogenannte Nüchternheit, die viele mit dem Wort Glaube verbinden, signalisiert nichts anderes als das Fehlen eines letzten inneren Engagements. Wir billigen sogar noch einem Siebzigjährigen zu, dass er mit strahlender Begeisterung von seinen Bergtouren erzählt, von den Äußerungen junger Leute ganz zu schweigen. Nur wenn ein Christ mit allen Zeichen des Fasziniertseins von Jesus Christus redet, finden manche Leute das »entsetzlich peinlich«. Wo bleibt da die Logik?

Das dritte Symbol des Heiligen Geistes, von dem ich sprechen will, ist die **TAUBE**. Von ihr ist in Verbindung mit der Taufe Jesu die Rede. »Um diese Zeit kam Jesus aus Nazareth in Galiläa und ließ sich von Johannes im Jordan taufen. Als er aus dem Wasser stieg, sah er, wie der Himmel aufriss und der Geist Gottes wie eine Taube auf ihn herabkam« (Markusevangelium, Kapitel 1,9-10). Warum wohl kam der Geist in Gestalt der Taube und nicht der eines majestätischen Raubvogels mit mächtigen Schwingen? Hätte das nicht viel eindrucksvoller gewirkt?

Nun, Raubvögel mögen majestätischer sein – sie sind auch aggressiver. Sie stoßen auf ihre Beute herab und schlagen sie. Die Taube ist, wie immer man zu ihr sonst steht, kein aggressives Tier. Sie stößt nicht herab, sondern fliegt heran, flattert ein wenig und lässt sich nieder – so wie jemand sich hinsetzt. Sie wirkt nicht bedrohlich.

Ich möchte nichts von dem zurücknehmen, was ich eben sagte. Der Geist Gottes hat in der Tat mit Energie und Leidenschaft zu tun. Aber er bedroht, ängstigt uns nicht. Angesichts mancher Gerüchte über ihn ist das eben doch beruhigend. Da ist nämlich von »ekstatischem Lallen« die Rede, das auf den Geist zurückgehe. Da hörte ich von »holy rollers«, offenbar Leuten, die sich, vom Geist bewegt, auf der Erde wälzen. Da fehlt dann nur noch der Schaum vor dem Mund und das Ausstoßen von wilden Schreien, um das Horrorgemälde fertigzustellen. Heiliger Geist? – Nein danke.

Der Geist ist zart und sensibel. Er ist ja, nach urchristlicher Auffassung, der Geist Jesu! Wie kann er aggressiv, manipulativ und bedrohlich sein, wenn seine Quelle es nicht ist? Mag der Heilige Geist alles Verstandesmäßige weit überschreiten, mag er bis tief ins Körperliche hinein wirken: die Freiheit raubt er uns nicht, wir werden nie zu Objekten, die er benutzt, gleichsam zu toten Instrumenten, auf denen er spielt.

## Was muss man tun, um den Geist zu empfangen?

Die Antwort ist einfach. Wer Jesus in sich aufnimmt, nimmt auch den Heiligen Geist auf. Beide gehören zusammen, beide sind, wenn ich so sagen darf, unzertrennlich. Der eine kommt nie ohne den anderen. Hätte ich mir dann dieses ganze Kapitel sparen können? Ich denke nicht. Wir brauchen nämlich eine wachsende Sensibilität für den Heiligen Geist, ein zunehmendes Vertrauen auf ihn, und vor allem: Wir sollen offen werden für die Vielfalt und Fülle seiner Wirkungen. Eine Sache ist es, den Geist empfangen zu haben, eine andere, ihm auch wirklich Raum zu geben. Doch dabei können wir nur gewinnen!

In den nächsten Kapiteln möchte ich über einige (nicht alle) seiner Wirkungen berichten. Ich zähle sie an dieser Stelle schon einmal auf. Der Heilige Geist lässt uns die »Wiedergeburt« erfahren (Kapitel 14), er schenkt uns die Gemeinde der Christen als Lebensraum (Kapitel 15), er verändert unser Verhalten und unsere Ausstrahlung (Kapitel 16), er lässt uns Wunder erleben (Kapitel 17).

## Kapitel 14

# *Wie bei einer Geburt*

Die Wandlung, die der Heilige Geist in Menschen bewirkt, wird auch als »Geburt von oben«, als »neue« oder „Wiedergeburt“ bezeichnet. Nach dem Johannesevangelium (Kapitel 3) sagt Jesus Christus: »Wenn jemand nicht von neuem geboren wird, kann er das Reich Gottes nicht sehen« (Vers 3). Und später: »Wundere dich nicht, dass ich dir sagte: Ihr müsst von neuem geboren werden« (Vers 7). Inzwischen ist soviel fernöstliches Gedankengut in unser Land eingeströmt, dass der Begriff »Wiedergeburt« einer Klärung bedarf.

Für das Christentum ist »Wiedergeburt« etwas Erstrebenswertes, ja der Inbegriff des schon in diesem Leben erfahrbaren Heils. Nicht so für den Hinduismus und den Buddhismus.

Der Hinduismus lehrt, dass die Seele entsprechend ihrer guten oder bösen Taten (karma) nach dem Tode in göttliche, menschliche, tierische oder höllische

Körper eingeht und dass diese Wanderung ohne Anfang und im gewöhnlichen Verlauf der Dinge ohne Ende ist. Logischerweise ist es die Aufgabe des Menschen, in seinem ureigensten Interesse durch sittliches Handeln für seinen Aufstieg im Verlauf seiner Wiedergeburten zu sorgen. Das Ziel liegt allerdings im Erreichen der Erlösung (moksha). Die Erlösten sind aus den Banden der Wiedergeburt befreit. Dieser Erlösungszustand wird verschieden dargestellt. Sie sehen: In diesem religiösen System ist die »Wiedergeburt« Schicksal und Last – etwas, das **ÜBERWUNDEN** werden soll.

Auch der Buddhismus lehrt eine Wiederverkörperung in den verschiedenen Daseinsarten. Auch er geht von einer Vergeltung aller Taten (karma) aus. Das Erscheinen auf Erden kann bei besonders schlechtem Karma durch das Verbüßen langfristiger Höllenstrafen unterbrochen, gute Taten können andererseits durch den Aufenthalt in einer Götterwelt belohnt werden. Diese Himmel sind stockwerkartig übereinander angeordnet. Je höher einer von ihnen liegt, umso größer sind die Vollkommenheiten seiner Bewohner. Trotzdem ist der lustvolle Aufenthalt in den Götterwelten kein erstrebenswertes Ziel für den Weisen: Auch das himmlische Dasein nimmt einmal ein Ende durch die Rückkehr zu den irdischen Leiden. Die endgültige Befreiung von Leid und Leidenschaft – und damit die Erlösung – verbürgt nur das Erreichen des Nirvana (Verwehen, Verlöschen). »Der Einzelne aber kann das Heil nur im Verlaufe unzähliger Existenzen erreichen, wenn er sich nach und nach frei macht von allen Trieben und von der Illusion des Vorhandenseins eines beharrenden Selbst und einer aus ewigen Substanzen bestehenden Welt.« (Helmuth von Glasenapp)

Das Christentum lässt für den Gedanken einer Wiedergeburt im Sinne der »Seelenwanderung« keinen Raum . Es ist also völlig abwegig, wenn gelegentlich behauptet wird, ursprünglich habe es diese Auffassung in der Kirche gegeben, sie sei aber dann unterdrückt worden. Wir haben ja gesehen, dass die fernöstliche Sicht der Wiedergeburt Teil eines Erlösungsweges ist. Da der Mensch sich dort – aus christlicher Sicht – selber erlösen muss, braucht er unzählige Existenzen. Das Christentum bekennt die einmalige und für alle Menschen gültige Erlösung durch Jesus Christus. Wir können sie durch den Glauben in einem Augenblick empfangen. Im christlichen Denken wäre ein Verlauf unzähliger Reinkarnationen ein absoluter Fremdkörper. Folgerichtig finden sich davon im Neuen Testament auch nicht mikroskopisch kleine Spuren.

Was bedeutet dann »Wiedergeburt« im urchristlichen Verständnis? Es ist ein anderer Ausdruck für das Christwerden, das zum Glauben kommen. Es meint: Irgendwann zwischen Geburt und Tod schenkt Gott dem Menschen einen radikalen Neuanfang. Das Leben kann noch einmal von vorn beginnen – wie bei einer Geburt!

Ich möchte jetzt keine Auslegung der Aussagen Jesu Christi und seiner frühen Prediger zum Thema Wiedergeburt anschließen, sondern auf eine Reihe verblüffender Parallelen zwischen einer biologischen Geburt und einer geistlichen Wieder-Geburt hinweisen.

## 1. Die Zeugung

Menschliches Leben kommt durch die Verschmelzung einer weiblichen Ei- mit einer männlichen Samenzelle zustande. Diese Verschmelzung kann immer erst nachträglich festgestellt werden (Ich beschränke mich auf den Normalfall und lasse damit die Befruchtung im Reagenzglas aus dem Spiel). Ein Paar kann also zum Zeitpunkt der sexuellen Intimgemeinschaft nicht wissen, ob daraus ein Kind hervorgeht. Erst nachdem eine bestimmte Zeit verstrichen ist, kann die Frau aufgrund gewisser Indizien herausfinden, dass sie schwanger ist.

Das Neue Testament lehrt nun, dass das neue spirituelle Leben in uns durch das »Wort« Gottes hervorgebracht wird. Dieses Wort wird interessanterweise als »Same« bezeichnet (1. Petrusbrief, Kapitel 1,23). Der Augenblick, da es zu einer geistlichen »Befruchtung« durch Gottes Wort kommt, ist genauso verborgen wie der Zeitpunkt der biologischen Befruchtung im Leben einer Frau. Er kann auch nur nachträglich aus gewissen Veränderungen erschlossen werden. Im Rückblick also kann ein Mensch sagen: Dann und dann fing die Geschichte meines verborgenen inneren Glaubenslebens an. Diese ersten Berührungen durch Gott liegen, so scheint es, bei bestimmten Menschen Monate, bei manchen auch viele Jahre zurück. Aber auch ein verborgener, ein kleiner Anfang ist eben doch ein Anfang. Die Hauptsache ist, es gibt dann auch eine Fortsetzung!

## 2. Die Schwangerschaft

Die Schwangerschaft dauert beim Menschen ungefähr neun Monate. Dies bedeutet, dass der Foetus eine ziemlich lange Zeit des geschützten Heranwachsens braucht, um einem Leben »draußen« auch nur einigermaßen gewachsen zu sein. Natürlich kann ein Baby, also ein Neugeborenes, auch außerhalb des Mutterleibes, auf sich gestellt, nicht überleben. Es benötigt ein erstaunliches Maß an Versorgung. Das ändert jedoch nichts an der Tatsache, dass die genannten neun Monate in aller Regel eben doch erforderlich sind, um das Überleben in der Außenwelt zu gewährleisten. Das heißt: Da existiert ein Wesen, das wir, nach einer sehr breiten Übereinstimmung unter den Fachleuten, bereits als »Mensch von Anfang an« definieren, das im Mutterleib wächst, sich in vielfacher Weise bemerkbar macht, wie jede Mutter weiß, das am Leben einer Mutter teilnimmt, ihre Freude und ihr Leid miterlebt, aber eben für eine Existenz draußen noch nicht reif ist.

Ähnliche Prozesse laufen ab, wenn es um die geistliche »Wiedergeburt« geht. Auch da wächst ein neues Leben im Innern des Menschen heran, etwas ganz Zartes, Verletzliches. Es ist noch nicht stark genug, um sich so ohne weiteres in der Außenwelt behaupten zu können. Es braucht noch Zeit. Der Mensch befindet sich sozusagen im Zustand der geistlichen Schwangerschaft. Er spürt durchaus Leben in sich, doch tritt dies nach außen hin noch nicht zutage, es sei denn in Form von bohrenden Fragen, einem vorher nicht verspürten Interesse an den Dingen des Glaubens, von Widerspruch und Zustimmung. Im Unterschied zu den Prozessen bei einer biologischen Geburt kann dieser Zustand sich allerdings auf wenige Tage, aber auch auf Monate, ja Jahre ausdehnen. Haben Sie also Geduld mit sich selber, wenn Sie spüren, dass Sie geistlich »schwanger« sind, es aber noch am Durchbruch fehlt.

Hier hat auch der Ausdruck „in den Glauben hineinwachsen« ein gewisses Recht. Er ist falsch, wenn er ausdrücken soll, dass jemand beinahe unbewusst die Grenze zwischen dem Land des Unglaubens und dem des Glaubens passiert, d.h. ohne Brüche, ohne Krisen, ohne ein bewusstes Erleiden und Erleben. Richtig ist dieser Ausdruck, wenn damit gesagt werden soll, dass es hier Entwicklungen gibt, die keiner von uns überspringen kann.

## 3. Die mögliche Abtreibung

Eine eingetretene Schwangerschaft kann durch eine Abtreibung künstlich beendet werden. Der Foetus wird aus dem Körper entfernt. Was immer die Gründe im einzelnen sind: die Frau möchte das Kind nicht haben. Wir wissen heute viererlei mit Bestimmtheit.

Erstens: In der überwältigenden Mehrzahl aller Fälle ist eine Abtreibung hierzulande weder medizinisch noch sozial nötig.

Zweitens: Was da abgetrieben wird, ist ein Mensch, kein Gewebeklumpen.

Drittens: Eine erneute Schwangerschaft der Frau wird durch eine Abtreibung nicht grundsätzlich unmöglich gemacht, aber auch nicht erleichtert.

Viertens: Die seelischen Folgen einer Abtreibung für die Frau übertreffen an Schwere das, was in der Öffentlichkeit darüber bekannt wird. Wenn Frauen dies nach außen hin nicht zugeben, ist das ihr selbstverständliches Recht, aber kein Gegenargument. (Damit ich es nicht vergesse: Die Vergebung Jesu Christi kann die Wunden schlagartig heilen, die eine vollzogene Abtreibung im Leben einer Frau geschlagen hat. Wenn es Sie persönlich betrifft: Bringen Sie das, was Sie als Schuld erkannt haben, zu Jesus Christus. Wie dies praktisch geschehen kann, habe ich Ihnen zu erklären versucht. Er vergibt Ihnen sofort. Vielleicht haben Sie das Bedürfnis, dies in Gegenwart eines Seelsorgers oder einer Seelsorgerin zu tun. Sie werden eine solche Person finden, wenn Sie es wirklich wollen. Gegebenenfalls schreiben Sie mir bitte. Wenn Sie als Mann darauf hingewirkt haben, dass Ihre/eine Frau abgetrieben hat, ohne dass eine wirkliche medizinische oder soziale Notlage bestand, so haben Sie selbstverständlich gegen das 5. Gebot – »Du sollst nicht töten!« – verstoßen. Sie brauchen ebenfalls die Vergebung Gottes. Ich hoffe, dass Sie für meinen Exkurs über die Befreiung von den Folgen einer körperlichen Abtreibung Verständnis aufbringen. An dieser Stelle kann man einfach erleben, dass Jesus Christus konkret in ein Leben eingreift. Und das ist das Thema dieses Buches!)

Nun, was im körperlichen Bereich gilt, besitzt hier im geistlichen ebenfalls eine Parallele. Es kann also der Punkt kommen, wo ein Mensch seine geistliche »Schwangerschaft«, diese Sehnsucht und Unruhe, dieses Fasziniertsein und dieses Kreisen der Gedanken um Gott loswerden möchte. Er will einen »Schnitt machen«. Etwas gewaltsam beschließt er: Ich möchte mit all den Fragen des Glaubens, zumindest bis auf weiteres, gar nichts mehr zu tun haben. Er bricht die Kontakte zu Menschen ab, die ihm in dieser Hinsicht Gesprächspartner waren, liest keine religiöse Literatur mehr, geht nicht mehr zu Veranstaltungen der Christen. Der innere Prozess wird damit zunächst abgewürgt. Auch hier ist es keineswegs harmlos, den keimenden Glauben »wegzumachen«. Auch hier entsteht eine Wunde. Auch hier wird eine kommende geistliche Schwangerschaft nicht erleichtert, wennschon sie normalerweise möglich bleibt.

## 4. Die Übertragung

Nicht jede Schwangerschaft kommt dadurch an ihr natürliches Ende, dass mit den rechtzeitigen Wehen der Geburtsvorgang einsetzt. Manchmal verzögert sich dieser Schritt. Das ist, aus medizinischer Sicht, gefährlich. Dann kann aber die Geburt durch den Arzt künstlich eingeleitet werden.

Es gibt Vergleichbares auch im geistlichen Bereich. Ein Mensch hat sich lang und breit mit dem Glauben beschäftigt. Er hat zahlreiche Gespräche geführt und eine gewisse Anzahl geistlicher Vorerfahrungen des Glaubens gemacht, die ihm den Schritt der Hingabe an Gott hätten erleichtern können. Doch er »kommt« mit seinem Glauben nicht »nieder«. Geistlich sensible Menschen spüren vielleicht: Er ist reif für den entscheidenden Schritt, aber er ziert sich und »redet und redet«. An dieser Stelle kann es sehr hilfreich sein, wenn ein anderer ihn direkt anspricht, weil er hinter die Maske schaut: »Du weißt doch alles, was du wissen musst. Dein weiteres Diskutieren ist nichts als Flucht. Warum springst du nicht mutig in den Glauben hinein?« Nur liebevolle Leute dürfen Zaudernde so frontal anreden! Andernfalls entstehen wirkliche

Verletzungen. Aber wenn sie aus Liebe reden, dürfen sie es auch! Der geistliche Geburtsvorgang kann nun sehr schnell, manchmal auf der Stelle, stattfinden.

## 5. Die Wehen

Sie gehen der Geburt voraus. Sie sind zwar »nötig«, aber sie schmerzen. Sie schmerzen so sehr, dass schon manche Frau sich gefragt hat, ob sie ein Kind gewollt hätte, wenn sie von diesen Erfahrungen vorher gewusst hätte. Nach der Geburt treten sie zwar hinter der Freude über das Kind zurück; vorher aber müssen sie durchgestanden werden.

Auch die Zeit vor dem geistlichen Durchbruch, der geistlichen »Niederkunft«, ist häufig alles andere als erfreulich. Sie ist oft bestimmt von Unruhe, gewissen Ängsten, jedenfalls von einem auffälligen Unbehagen. Man hätte das, rein theoretisch, wohl nicht erwartet. Von anderen hat man doch gehört, wie schön und beglückend der Glaube ist. Nur: Die eigene Durchbruchserfahrung wird dadurch nicht »abgekürzt«. Seien Sie deshalb bitte nicht erstaunt, wenn es Ihnen an dieser Stelle nicht anders ergeht als zahlreichen Leuten vor ihnen.

## 6. Die Geburt

Was passiert beim Geburtsvorgang selbst? Das kleine Wesen, das bisher im Leib der Mutter, ja, von ihr gelebt hat, tritt hinaus in die Welt. Nachdem es abgenabelt worden ist, existiert es in einem wirklichen Gegenüber zur Mutter. Natürlich ist es ohne die Mutter allein nicht lebensfähig. Und doch ist es nicht dasselbe, ob die Mutter das Kleine im Leib oder auf dem Arm trägt. Das erste kräftige Schreien des Kindes symbolisiert: Jetzt rede ich. Auch sonst sorgt der Säugling unentwegt dafür, dass Mutter und Vater nicht vergessen: Hier wächst eine Persönlichkeit heran. Noch einmal: Die Unfertigkeit des Babys ist nie zu übersehen. Reif ist dieser Mensch nun wirklich nicht. Aber der erste große Schritt zur Eigenständigkeit ist getan.

Genau dies meint ja auch die geistliche Geburt: Der Glaube spricht nun für sich selber. Er versteckt sich nicht mehr hinter den frommen Eltern, der Ehefrau oder »der Kirche«. Der wiedergeborene Mensch bekennt selber, dass er ein neues Leben empfing und wer dessen Herr ist. Manches kann dabei noch unausgewogen, sozusagen säuglingshaft sein. Reife wird auch von dem eben geborenen Glaubensbaby nicht erwartet. Umso mehr Ursprünglichkeit und »Lebenshunger«! Der Unterschied zwischen solcherart Wiedergeborenen und Leuten, die vielleicht jahrelang am kirchlichen Leben teilnahmen und viel wissen, aber nie zum geistlichen Leben durchbrachen, ist auffällig.

Das soll die Kirche nach Gottes Willen sein: eine geistliche Geburtsklinik, in der Tag für Tag Menschen »zum Glauben kommen« und in diesem Sinne neu geboren werden. In einer traurigen Mehrzahl von Fällen war und ist sie allerdings ein Museum, in dem kirchliche VERGANGENHEIT besichtigt werden kann; manchmal auch ein Mausoleum, in dem man wohlpräparierte und also gut erhaltene Glaubenshelden einer vergangenen Zeit bestaunen kann.

## 7. Neue Bedürfnisse

Ist ein Baby »da«, so hat und äußert es Bedürfnisse. Es geht dabei um Nahrung, Bewegung, Zuwendung u.a. Solche Bedürfnisse müssen nicht anerzogen werden – sie äußern sich spontan. In ihnen meldet sich das Leben. Alles Leben auf der Erde hat und äußert spezifische Bedürfnisse!

Mit der gleichen Gesetzmäßigkeit treten geistliche Bedürfnisse zutage, ist erst einmal der Glaube im Menschen geboren. Was vorher schwer bis unmöglich, auf jeden Fall nicht verlockend, erschien, das möchte er jetzt »zu sich nehmen«. Bisher war etwa das Gebet etwas Mühsames, vielleicht extremen Notsituationen Vorbehaltenes, Männer glaubten, es sei gut für Pfarrer (die schließlich dafür bezahlt würden), für Kinder, Frauen und Alte. Diese selben Männer erzählen nun davon, dass sie wie selbstverständlich mit ihrem neuen Herrn gesprochen, also gebetet hätten. Plötzlich fehlten ihnen eben nicht mehr die »richtigen Worte«, sie wussten, dass sie ihre Alltagssprache gebrauchen konnten.

Früher war der Gottesdienst am Sonntag für sie eine Ausnahmeerfahrung. War die erwartete eine Stunde um, so zählten sie damals, recht ungnädig, die Minuten, die der Pfarrer »überzog«. Außerdem behaupteten sie, von all dem »nichts« oder »fast nichts« verstanden zu haben. Inzwischen geben sie zwar nicht vor, sie verstünden alles, spüren aber selbst bei Gottesdiensten, die nur mäßig spannend sind, worum es der Sache nach geht.

Oder: Das Verhältnis zur Bibel war bisher von der Meinung bestimmt, es handle sich hier um ein sehr, sehr altes Buch, das so recht nicht mehr in unsere Zeit passe, obwohl es besonders begabte Pastoren manchmal schafften, ihm eine gewisse Aktualität für die Gegenwart abzugewinnen. Wenn man es brauchte, dann vielleicht zum Lösen von Kreuzworträtseln oder auf der Suche nach »Sprüchen« für gehobene Vorträge. Und jetzt erleben sie plötzlich, dass sie dieses Buch irgendwo aufschlagen und es zu ihnen auf verblüffende Weise redet! Es ist tatsächlich vorgekommen, dass ein sehr junger Christ fragte: »Sag mal, ist das jetzt eine neue Bibel?« Man konnte ihm dann erklären, dass nicht die Bibel, sondern er selbst neu geworden war.

Schließlich möchte ich unter der Überschrift »neue Bedürfnisse« von der Gemeinschaft mit anderen Gläubigen sprechen. Wer zum persönlichen Glauben durchgebrochen ist, hat einen recht spontanen Wunsch danach, mit anderen Christen zusammen zu sein, über seine neuen Erfahrungen zu sprechen und andere darüber reden zu hören. Ja, er hält dies für spannender als die Beschäftigungen, die ihn, zum Beispiel als Hobby, bisher am meisten reizten.

Bitte verstehen Sie mich richtig: Ich rede hier nicht davon, dass der Christ nun bestimmte »Tätigkeiten aufnehmen«, also beten, Gottesdienste besuchen, die Bibel lesen, mit anderen Gläubigen zusammensein muss. Es geht nicht um einen Pflichtenkatalog, sondern um eine verblüffend neue, sich spontan einstellende Erfahrung!

An dieser Stelle Ihrer Lektüre könnten Sie sich fragen: Habe ich mich in einem der sechs Stadien des Geburtsvorgangs wiedererkannt? Wo stehe ich zur Zeit? Übrigens: Entwicklungen, die bei anderen viel länger dauern, können sich bei Ihnen zu wenigen Stunden verdichten – sozusagen in einem geistlichen Zeitraffer ablaufen.

Kapitel 15

# *Allein geht man ein*

Eines der schönsten Geschenke des Heiligen Geistes ist – die Kirche. Diese Behauptung wird Sie wahrscheinlich überraschen, vielleicht auch ärgern. Sie waren, so könnte ich mir denken, inzwischen an den Punkt gekommen, wo Sie sich sagten: Ja, Christ möchte ich schon werden – trotz der Kirche. Das hieße: Die Kirche nimmt man in Kauf, wenn es unbedingt sein muss; mehr ist nicht drin. Es kann auch sein, dass in Ihnen die Erinnerung hochkommt: Der Autor dieses Buches ist ja auch ein »Mann der Kirche«. Daraus ziehen Sie möglicherweise den Schluss, dass ich jetzt eine Werberede für meine eigene Firma oder wenigstens für meine Branche halten möchte.

Mein Vorschlag: Lassen Sie uns ein paar Argumente zusammen durchgehen. Zunächst: Das Wort »Kirche« hat im Deutschen mehrere Bedeutungen. Es ist sinnvoll, sie zu unterscheiden.

Einmal geht es um ein Gebäude. Es kann alt oder neu, riesig oder vergleichsweise klein sein. Auf jeden Fall ist es ein Versammlungsort, ein Treffpunkt für Menschen. In diesem Sinne sagen wir: »Ich gehe in die Kirche.«

Dann meinen wir mit »Kirche« eine ziemlich geschichtsträchtige Institution. Sie ist fast 2000 Jahre alt. Als Institution hat sie ungefähr tausend Jahre lang einen unglaublich gestaltenden Einfluss auf Europa ausgeübt. Ich spreche vom Mittelalter. Theologie und Philosophie, Rechtssprechung und Alltagsverhalten, Dichtung und Kunst wurden von ihr maßgeblich geprägt. Heute besitzt die Kirche keinen nennenswerten Einfluss mehr auf das öffentliche Leben. Aber die Nachwirkungen der beschriebenen Zeit sind teils spürbar, teils in ihren geschichtlichen Niederschlägen greifbar.

Drittens: Wer »Kirche« sagt, meint immer auch eine Organisation. Wenn ein Mann der Wirtschaft erklärt: »Die Kirchen zählen in Deutschland zu den größten Arbeitgebern«, so spielt er auf diese Seite an. Hier geht es um strukturierte Tätigkeiten, um Verwaltung von Gebäuden, um Verträge, um Geld usw. Vielleicht sind Sie der Meinung, das sei ziemlich unwesentlich, oder in wirklich geistlichen Kirchen könne man auf solche Dinge verzichten. Theoretiker mögen so sprechen. Die Praxis sieht überall, auch in kleinen Freikirchen, anders aus. Geben wir also ruhig zu, dass ein Minimum an Organisation überall nötig, dass sie bei wachsender Größe unabdingbar ist, wenn ein Chaos vermieden werden soll.

Eine vierte Bedeutung bekommt das Wort »Kirche«, wenn es in der Mehrzahl gebraucht wird. Sprechen wir von den Kirchen, so meinen wir in unserem Land meistens die Großkirchen, also die römisch-katholische Kirche oder die evangelische Landeskirche. Vielleicht haben Sie inzwischen erfahren, dass es auch sogenannte Freikirchen gibt. Es ist schon ein kleines Studium nötig, sich in dieser sehr bunten Welt auszukennen. Für viele Leute, die sich nicht zu den Insidern rechnen, ist das Ganze recht verwirrend. Sie haben irgendwie immer den Eindruck, dass jede dieser Kirchen eigentlich glaubt, sie hätte die Wahrheit gepachtet. Man hat Probleme damit, dass diese Glaubensgemeinschaften sich über wichtige Dinge nicht einigen können. Außerdem: Wenn jede Kirche irgendwie die Wahrheit für sich reklamiert, sie aber doch unterschiedlich sind – hat dann am Ende keine die Wahrheit?

Fünftens meint Kirche die Gemeinschaft von Menschen, die an Jesus Christus glauben und ihm nachfolgen. Kirche in diesem Sinne ist Personengemeinschaft. Es geht dabei nicht nur um die »Berufschristen«, vor allem die Pastoren (»Der Pfarrer kommt, mit ihm das Christentum«). Auch die sogenannten Laien, ja gerade sie, spielen hier eine wesentliche Rolle.

Dies sollte keine theologisch abgerundete »Lehre von der Kirche« sein. Aber so, wie es eben gesagt wurde, tritt den meisten Leuten bei uns »Kirche« entgegen.

Für meine Person denke ich, dass diese fünf Seiten zusammengehören. Ich fände es zum Beispiel nicht richtig, mich von der langen Geschichte der Kirche (ich hatte das »Kirche als Institution« genannt) sozusagen abzuseilen. Ich könnte das ebensowenig, wie ich mich von meiner Familientradition der letzten Jahrhunderte einfach trennen möchte.

Allerdings: Das Schönste an der Kirche ist doch, dass es hier um Menschen geht, die an Jesus Christus glauben und ihm nachfolgen. Wo ich Leuten des Glaubens begegne, da begegne ich einem Stück Kirche. Für die allermeisten heutigen Menschen gelingt überhaupt nur so ein Zugang zur Kirche. Noch einmal: Kirche meint zuerst und zuletzt Menschen, die durch Jesus anders geworden sind, denen Jesus konkurrenzlos wichtig ist. Man findet sie selbstverständlich in allen Kirchen, nicht bloß in einer bestimmten.

Meine These ist nun, dass Sie diese Kirche brauchen, wenn Sie im Glauben nicht nur überleben, sondern wachsen wollen. Wir haben dafür einen Slogan, den ich vor Jahren bei einem Freund las und seitdem oft gebraucht habe: »Allein geht man ein.« Das Christsein kann man demnach nur zusammen mit anderen leben. Ich meine das nicht so, als hieße es: in der inneren Verbundenheit mit anderen Gläubigen. Nein, ich spreche von gelebter Gemeinschaft. Dazu gehören regelmäßige Begegnungen und Gespräche, das geht nicht ohne wirkliches Interesse für das Alltagsleben anderer.

Vielen leuchtet das ziemlich schnell ein. Andere haben hier Probleme. Sie seien auch sonst nicht so gesellig, liebten ihre Ruhe, hätten im übrigen manche menschlichen Enttäuschungen erlebt, sagen sie. Es kann auch sein, dass das angebliche Angewiesensein auf andere Leute Unbehagen weckt. Wieso soll ich so hilflos sein, dass ich diese Aufgabe nicht allein packe, dass ich dazu andere »brauche«? Ich habe im Leben viele Aufgaben allein bewältigt. Was ich mir wirklich vornehme, schaffe ich im allgemeinen auch.

Wenn Sie sich in den eben referierten Meinungen wiedergefunden haben, könnte ich Ihnen erwidern: Gut, dann probieren Sie es doch aus. Wenn Sie nach einem halben Jahr ohne Gemeinschaft mit anderen Christen, also im Alleingang, nicht nur Ihren neuen Glauben behalten haben, sondern darin auch noch gewachsen sind, lassen Sie es mich bitte wissen. Dann widerrufe ich meine These, dass man allein eingeht.

Da ich allerdings sicher bin, das Ergebnis Ihres Versuches von vornherein zu kennen, möchte ich Sie doch gern umstimmen. Vielleicht helfen dabei eine einfache Überlegung und ein paar Zusatzinformationen.

Schauen Sie, die »Luft« der westlichen Welt ist in hohem Maße mit negativen Informationen, negativen Kommentaren und tausenden von negativen Gesprächen erfüllt. Sie könnten einmal einen Tag lang alles, was Sie über Zeitung, Radio und Fernsehen, aber auch durch Gespräche in öffentlichen Verkehrsmitteln, am Arbeitsplatz oder zuhause aufnehmen, kritisch untersuchen. Wieviel Erfreuliches, Ermutigendes, Positives wird da »ausgestrahlt«? Wann ist einmal **NICHT** die Rede von Unglücksmeldungen und Katastrophen, von Krankheiten und Todesfällen, von Krisen und Kritikpunkten? Journalisten können Artikel, die nicht auch »kritisch Stellung nehmen«, heute im allgemeinen nicht mehr loswerden. Dass also einer schreibt, das und das sei einfach eine großartige Sache, »kauft ihm keiner ab«.

Nun kann man natürlich erwidern, unsere Welt sei eben so schlimm, wie es die Berichterstattungen auswiesen, und wer dagegen spreche, der habe offensichtlich eine rosarote Brille auf oder verdränge die Realität. Das klingt ganz forsch, stimmt nur leider nicht. Erstens ist natürlich jeder Bericht selektiv, gibt also von der thematisierten Realität nur einen Ausschnitt wieder. Die Welt ist nicht so einseitig negativ, wie sie in der veröffentlichten Meinung erscheint. Es gäbe sehr viel mehr Positives zu berichten, wenn dies gewollt wäre. Ein Zweites kommt hinzu: Wer Leid, Schuld, Dummheit, Brutalität, Oberflächlichkeit und die zahlreichen noch nicht gelösten Weltprobleme aushalten will, ohne selber abzustumpfen, zu verdrängen oder zynisch zu werden, braucht ein inneres Widerlager. Er braucht positive Kräfte, damit er nicht selber ein Opfer der Welt wird, die er gern ein wenig heller gemacht hätte .

Was das mit dem Thema von eben zu tun hat? Meines Erachtens sehr viel. Die Christen leben aus den Quellen der göttlichen Welt. Sie leben aus der Liebe, der Gnade, der Wahrheit, der Freiheit Gottes, also aus einer sehr hellen Wirklichkeit. Sie sind nach Jesu Worten Salz der Erde und Licht der Welt. Das heißt ja auch: Sie sollen positiv auf ihre Umgebung ausstrahlen.

Wer von morgens bis abends dem negativen »Klima« unserer Gesellschaft ausgesetzt ist, stellt auch als Christ rasch geistliche Verschleißerscheinungen fest. Die negative, glaubens- und hoffnungslose Ausstrahlung der meisten Zeitgenossen baut unseren Glauben nicht auf, sondern buchstäblich ab. Wir fühlen uns nach Stunden, die wir in der Gegenwart gewisser Leute verbracht haben, geradezu ausgelaugt und erschöpft. Wir möchten dann schleunigst wieder zur Quelle, um neue Kraft zu schöpfen. Die mit Jesus Christus allein verbrachten stillen Zeiten sind solche Möglichkeiten des Kräftesammelns. Doch das genügt nicht. Wir brauchen auch die Nähe, die Stimme, die Erfahrungen anderer Gläubiger, die Ermutigung durch das, was sie mit Jesus Christus erlebt, das Zeugnis davon, wie sie sich aus Niederlagen wieder aufgerappelt haben. Die Kirche ist, in diesem Sinne, Kampfgemeinschaft, Überlebensgemeinschaft, Ermutigungsgemeinschaft.

Ich möchte noch ein wenig konkreter werden. Auch helle, fröhliche, von Glauben geprägte Gottesdienste sind kein Ersatz für die Begegnungen von Christen in einer überschaubaren Gruppe von, sagen wir, 5-12

Gläubigen. Sie treffen sich einmal wöchentlich, gewöhnlich an einem Abend, für etwa zwei Stunden. Ort des Geschehens sind in der Regel Privatwohnungen. Darum werden sie auch »Hauskreise« genannt. Wenn Sie Jesus Christus Ihr Leben anvertraut haben oder anvertraut haben werden, brauchen Sie nach unseren sehr breiten Erfahrungen so etwas wie einen Hauskreis.

Vielleicht beschäftigt Sie jetzt die Frage, woher Sie die Zeit für solch eine weitere Verpflichtung nehmen sollen. Sie haben nämlich die Abende ihrer Woche schon fast alle belegt. Jetzt überlegen Sie, was noch an Freizeit bleibt, falls Sie auf meinen Rat eingehen. Eventuell haben Sie auch einen Beruf, bei dem Sie gerade abends tätig werden müssen, oder Sie stehen in einer Ausbildungsphase, in der auf Monate hin jeder Abend zum Lernen gebraucht wird.

Ich möchte die Augen nicht vor solchen akuten Problemen verschließen, die für begrenzte Zeiträume auftreten können. Manchmal muss nach einer für eine bestimmte Person maßgeschneiderten Lösung gesucht werden. Das kann nur mit dem Betroffenen zusammen geschehen; der Rahmen eines Buches ist dafür nicht so geeignet. Ich möchte Sie nur noch einmal daran erinnern, dass ich hier nicht von einer weiteren christlichen »Pflicht« spreche, sondern von einer geistlichen Lebensnotwendigkeit. Wir verbringen zum Beispiel einen Teil unserer täglichen Zeit mit dem Einnehmen, oft auch mit der Bereitung von Mahlzeiten. Allein in einem Monat kommen da viele Stunden zusammen. Selbst wenn das Essen nicht auch Spaß machte, würden wir nicht fragen: Ja, muss ich denn unbedingt auch das noch tun? Ich habe so wenig Zeit! Wir wissen nämlich, dass allzu unregelmäßige oder zu wenig Nahrungsaufnahme nicht nur unangenehme Hungergefühle verursacht, sondern den Körper so schwächt, dass wir am Ende nicht mehr schaffen können, was wir tun möchten bzw. müssen.

Wie es einen kränklichen Körper gibt, so gibt es auch einen kränklichen Glauben. Und das kann daran liegen, dass wir zu wenig Gemeinschaft mit anderen Christen hatten.

Wenn also Jesus Christus der Herr Ihres Lebens geworden ist, gehört ihm ja auch Ihre Zeit. Gehen Sie mit ihm Ihre Vorhaben durch und fragen Sie ihn ehrlich, welche Dinge Sie lassen sollen, um mehr Zeit für Ihren Glauben zu gewinnen. Er wird Sie nicht ohne Antwort lassen. Ein Hauskreistreffen pro Woche ist dann – in der Regel – möglich.

Nun ist der Begriff »Hauskreis« nicht geschützt. Wenn sich irgendwo Mitglieder einer Kirche vierzehntägig oder einmal im Monat treffen, um über interessierende Probleme »aus der Sicht der heutigen Theologie« zu diskutieren, so kann sie keiner hindern, dieses Unternehmen »Hauskreis« zu nennen, zumal wenn dann noch einer am Anfang ein Gebet spricht, das er sich zuhause aufgeschrieben hat und nun verliest.

Diesen Typ von »Hauskreis« möchte ich Ihnen allerdings nicht empfehlen. Der Grund für dieses Abraten liegt nicht etwa darin, dass ich nur Treffen in der Kirche befürworte, bei denen alle Anwesenden schon begriffen haben, worum es eigentlich geht. Nein, ich halte Gesprächsangebote für Suchende, Fragende oder einfach Neugierige für dringend nötig. Neu zum Glauben gekommene Leute brauchen allerdings etwas anderes. Sie benötigen Hauskreistreffen, bei denen ein paar Dinge von vornherein klar sind. Erstens: Jesus Christus ist der eine Herr und Erlöser, und alle Teilnehmer sind bereit, daraus die nötigen Konsequenzen zu ziehen. Zweitens: Die Bibel ist die fraglose Basis für den eigenen Glauben und die persönliche Lebensgestaltung. Drittens: Über Gott zu reden ist nötig, aber MIT Gott zu reden ist entscheidend. Anders gesagt: Über das Beten diskutiert man hier nicht, man lebt damit.

In solchen Hauskreisen kommt das ganze Leben vor. Man möchte persönliche Probleme oder Freuden gerade nicht säuberlich von den »religiösen« Themen trennen, da ja Jesus der Herr des Sonntags UND des Werktags ist. Berufsfragen, Probleme in der Familie, Nöte mit den Kindern, Gesundheitliches, finanzielle Belange, Wohnungsrenovierungen oder Umzüge: In all diesen Dingen darf der Hauskreis um Gebet, Rat oder konkrete Hilfe ersucht werden. Die Leute lernen bald, dass »fromme« Antworten nichts bringen, wenn sie nicht aus der Erfahrung des Glaubens kommen oder zu ihr hinführen. Die Bibel entpuppt sich auf diese Weise als ein sehr praktisches Buch. Wer ein bis zwei Jahre in einem Hauskreis mitgelebt hat, kann selbstredend nicht alle Bibelstellen erklären, aber er hat inzwischen eine gewisse Vertrautheit mit dem Geist der Bibel und eine Fülle von Einzelerkenntnissen über sie gewonnen.

Natürlich besucht der Hauskreis am Wochenende den Gottesdienst, soweit möglich, als Gruppe. Auf diese Weise haben die »Neuen« die Möglichkeit, ohne Leistungsdruck allmählich in diese für den Anfänger oft fremde Welt der Gottesdienste hineinzuwachsen.

Übrigens kommt an den Hauskreisabenden manches zur Sprache, was der Neuling im Glauben entweder nicht versteht oder was ihn momentan überhaupt nicht interessiert. Das ist wie in einer gesunden Familie mit mehreren Kindern verschiedenen Alters: Was die Siebzehnjährige interessiert, ist für ihren neunjährigen Bruder wahrscheinlich ohne Reiz; den Einundzwanzigjährigen, der gerade seinen Zivildienst macht, interessieren überwiegend noch einmal andere Themen. Aber wenn der Vater sich berichten lässt, aus seinem Leben erzählt oder einen Ratschlag gibt, bekommen es alle mit (sozusagen nebenbei). Eines Tages wird sich der »Kleine« an das erinnern, was Daddy dem Michael sagte, als der gerade Zivildienst machte. Ohne Bild: Die Älteren im Hauskreis müssen gar nicht ständig nur daran denken, was die Jüngeren verstehen könnten; die Jüngeren müssen sich umgekehrt nicht auf die geistlichen Zehenspitzen stellen, um größer zu wirken.

Vielleicht können Sie eines Tages verstehen, dass Christen behaupten: »Abgesehen von Jesus Christus ist die Kirche eines der schönsten Geschenke, das Gott uns in dem neuen Leben des Glaubens macht.« Wenn Sie dann irgendwo in Deutschland außerhalb Ihrer Gruppe oder Gemeinde, im Ausland, ja, auf einem anderen Kontinent lebendige Christen treffen, spüren Sie eine Gemeinsamkeit, die tiefer als alle Worte reicht. Sie ist einfach beglückend.

# Kapitel 16

# *Ein anderer Mensch werden*

Die meisten Menschen machen nicht von all ihren Rechten Gebrauch. Sie lassen sich einen Teil dessen entgehen, was ihnen zusteht. Dazu gehört das Recht, sich zu ändern. Wir müssen nicht bleiben, wie wir sind.

Klingt das für Sie wie ein Scherz? Bei »Rechten« denken wir meist nicht an etwas, das wir zu verantworten, worin wir aktiv zu sein haben. Uns schwebt eher etwas vor, das wir bei anderen erreichen oder von ihnen bekommen. Aber ich bleibe dabei: Eines unserer großartigsten Rechte besteht darin, ein anderer Mensch zu werden.

Meine These setzt natürlich voraus, dass es erstrebenswert ist, einen Wandel der eigenen Person zu erleben. Vielleicht ist sie ja nur für die Menschen ganz einleuchtend, die in einem gewissen Ausmaß unter sich selber leiden.

Waren Sie schon einmal über Ihre eigene Feigheit, Unehrlichkeit, Rücksichtslosigkeit, Launenhaftigkeit, Wankelmütigkeit, über nicht gehaltene Versprechungen oder Ihr aufbrausendes Wesen bedrückt? Natürlich können wir all diese Dinge entschuldigen. Schon unser Vater oder unsere Mutter hatte diese Fehler, schließlich ist keiner von uns ein Engel, das Leben erlaubt nicht immer sentimentale Reaktionen, das Wetter macht einen völlig nervös, der andere hat es nicht besser verdient usw. Ob wir das auf die Dauer wirklich alles glauben?

Tatsache ist, dass Menschen unter unserer Art gelitten haben. Das ist uns auf die Dauer nicht entgangen. Tatsache bleibt ebenfalls, dass unser Verhalten immer wieder zu Reaktionen anderer uns gegenüber geführt hat, die nun umgekehrt uns schmerzten. Sobald wir Jesus Christus als Herrn unseres Lebens akzeptieren, wird uns darüber hinaus klar, dass wir Gott weh tun, wenn wir die zwischenmenschliche Liebe verletzen. Es kann sein, dass wir das Recht, uns zu ändern, allmählich als eine Pflicht empfinden!

Wie ändert sich ein Mensch? Wie geschieht Wandlung zum Positiven hin, wenn der Mensch nicht mehr unter einem (hoffentlich guten) erzieherischen Einfluss steht?

Der meist benutzte Weg zu diesem Ziel trägt den Namen »gute Vorsätze«. Sehr viele Leute kehren allerdings nach kürzester Zeit auf ihm wieder um. Ohne Bild: Was zum Jahreswechsel an guten Absichten bekundet wird, geht auf keine Kuhhaut. Das meiste davon ist bald vergessen.

Es gibt auch Methoden der Verhaltensänderung auf wissenschaftlicher, meist psychologischer, Basis. Sie lassen sich in Gruppen, in Zweiergesprächen oder in Eigeninitiative anwenden. Für mich ist es nicht möglich, aufgrund meines Christseins alle diese Ansätze abzulehnen. Allerdings zahlen manche viel Geld für Bemühungen, die ihnen wenig einbringen.

Eine Erfahrung, die der änderungswillige Mensch immer wieder macht, ist die der eigenen inneren Ohnmacht. »Ich kann nicht aus meiner Haut.« Allgemeiner dann: »Niemand kann über seinen Schatten springen.« Wenn das heißen soll: Jeder von uns stellt einen gewissen Typ dar; er ist sehr lebhaft oder eher ruhig, verstandesbetont oder eher emotional, nach außen gewandt oder stärker in sich gekehrt, so stimmt das natürlich. Soll es aber bedeuten: Ich schaffe es nicht, meiner Fehler Herr zu werden, auch wenn andere und mehr oder weniger auch ich selber darunter leiden, dann wird es problematisch.

An dieser Stelle könnte es Sie interessieren, dass das Neue Testament dem Heiligen Geist unter anderem die Fähigkeit zuschreibt, unseren Charakter zum Positiven hin zu verändern. Die Stelle, an die ich dabei vor allem denke, lautet so: »Die Frucht des Geistes besteht in Liebe, Freude, Friede, Geduld, Freundlichkeit, Güte, Treue, Sanftmut und Selbstbeherrschung« (Galaterbrief, Kapitel 5,22-23). Hier geht es um Verhaltensweisen bzw. »Eigenschaften«, die das Zusammenleben mit anderen sehr erleichtern. Menschen, die solche Tugenden aufweisen, würden die meisten von uns gern in ihrer Umgebung haben – vorausgesetzt natürlich, diese Dinge sind nicht bloß geheuchelt.

Beachtenswert ist nun, dass hier von »Frucht« und nicht von »Bemühung« die Rede ist. Das liegt nicht, wie Sie möglicherweise vermuten, an einer etwas blumigen Redeweise des Autors. Er verwendet den Begriff jedenfalls an dieser Stelle sehr präzis. Frucht ist das Ergebnis eines Wachstums-Prozesses, sie entsteht organisch. Der Ausdruck wird überwiegend im pflanzlichen Bereich gebraucht. Weiter ist zu bedenken, dass nicht von der Frucht der CHRISTEN geredet wird. Nicht wir bringen die Frucht, sondern Er, der Heilige Geist.

Diese Unterscheidungen sind keineswegs spitzfindig und rein theoretisch, wenn der Heilige Geist wirklich in den Gläubigen wohnt. Unsere Aufgabe ist es dann, die Veränderung zu wollen, aber wir können ihm die Aufgabe überlassen, sie in uns zu bewirken. Bleiben wir in engem Kontakt mit Jesus, so kann der Heilige Geist uns innerlich umgestalten. Das ist erstens nicht anstrengend und zweitens erfolgreich, wie die Erfahrung zeigt.

Die ersten, die unsere Wandlung bemerken, sind gewöhnlich nicht wir selber, sondern Angehörige,

Freunde, Kollegen. Es macht uns sehr glücklich, wenn sie kommen und fragen: „Sag mal, du hast dich wirklich verändert. Du warst früher oft so genervt. Jetzt strahlst du viel mehr Ruhe aus. Wie kommt das?« Oder: »Früher hast du dich meist nicht für die Probleme der anderen interessiert. Jetzt fragst du öfter und interessierst dich, wie es einem geht. Woran liegt das?« Oder: »Ich kenne dich jetzt so lange und fand, du warst oft sehr bedrückt. Irgendwie wirkst du inzwischen viel fröhlicher. Was ist los mit dir? «

So haben Sie, ohne über den Glauben zu reden, andere zum Fragen nach ihm gebracht. Jetzt können Sie antworten: entweder ausweichend, oder so, dass Sie zur Sache kommen. Also VON JESUS SPRECHEN.

Unter der Wirkung seines Geistes würden wir, so sagte Jesus voraus, von ihm reden, und zwar nicht bloß vor Insidern. Wörtlich drückte er sich so aus: »Ihr werdet Kraft empfangen, wenn der Heilige Geist auf euch herabkommt, und werdet Zeugen für mich sein in Jerusalem und in ganz Judäa und Samarien und bis an die Grenzen der Erde « (Apostelgeschichte, Kapitel 1,8).

Nun, dieses Wort ist natürlich damals an ganz bestimmte Menschen gerichtet worden, nämlich an die sogenannten Apostel. Trotzdem ist es richtig, seine Wahrheit nicht auf sie zu begrenzen. Es liegt im Wesen des Heiligen Geistes, dass er in gewisser Hinsicht alle Menschen zu »Zeugen« für Jesus macht, die sich auf ihn einlassen.

Der Ausdruck »Zeuge« hat seine spezifische Bedeutung im Rechtswesen. Zeugen werden vor Gericht aufgerufen. Sie sollen sagen, was sie über ein bestimmtes Ereignis oder über eine Person wissen – aufgrund eigenen Hörens und Sehens. Zeugen dürfen sich nichts ausdenken. Sie müssen bei der Wahrheit bleiben. Aber über die sollen sie auch wirklich reden.

Ein Zeuge Jesu kann demnach nicht stumm bleiben. Sollen wir wirklich vor anderen über ihn sprechen?

An dieser Stelle sind jedenfalls in Deutschland immer wieder bestimmte Einwände zu hören. Ich möchte auf vier von ihnen eingehen.

Erstens: *»Es geht nicht um ein Christentum der Worte, sondern um ein Christentum der Tat. Was nützt das ganze fromme Gerede, wenn die Glaubwürdigkeit fehlt.«*

Der zweite Teil des Argumentes stimmt. Zunächst einmal ist es unsere Aufgabe, den Glauben zu leben, dann erst, über ihn zu sprechen. Ich denke, das ist aus dem ersten Abschnitt dieses Kapitels neu deutlich geworden. Ich möchte noch weiter gehen. Manche Menschen sind von Christen nicht nur enttäuscht, sondern durch sie auch ziemlich verletzt worden. Sie wittern deshalb hinter Worten des Glaubens zunächst nur etwas Negatives. Ihr Vertrauen zu anderen Christen muss erst wieder wachsen.

Trotzdem ist diese Parole vom »Christentum der Tat« nicht biblisch. Hier wird nämlich Glaube praktisch zu einer Angelegenheit der Moral herabgewürdigt. Darüber ist ja in diesem Kurs einiges gesagt worden.

Hinzu kommt ein Zweites: Taten ohne erklärende Worte sind oft mehrdeutig. **WARUM** ist B. so hilfsbereit? Liegt es an seiner vorbildlichen Erziehung? War er bei den Pfadfindern? Hat er ein gutes Herz? Ist er ein Idealist? Denkt er daran, dass auch er einmal Hilfe brauchen könnte?

Eins ist sicher: Der christliche Glaube hat sich durch das **WORT** der Zeugen ausgebreitet. Sie haben von Jesus Christus **GEREDET**. Erst das Wort hat eindeutig gemacht, worum es ihnen ging. Dabei ist es interessant zu erfahren, dass der neue Glaube in der Frühzeit der Kirche **ÜBERWIEGEND** durch Laien weitergegeben wurde. Sie redeten von Jesus in den Familien, auf den Märkten, am Arbeitsplatz. Wer ausschließlich ein »Christentum der Tat« propagiert, spricht sich ungewollt dafür aus, dass das Christentum ausstirbt!

**ZWEITENS:** *»Über seinen persönlichen Glauben zu reden, ist ausgesprochen peinlich. Es ist nichts anderes als eine Art seelischer Striptease.«*

Die Älteren unter uns sind noch mit dieser Einstellung aufgewachsen. Religion und Sexualität waren Tabus. Darüber sprach man nicht – es sei denn als Profi, also von Berufs wegen. Was die Sexualität betrifft, so hat sich das in den letzten Jahrzehnten auffällig verändert, im Blick auf die Religion dauert dieser Prozess offenbar länger.

Sachlich gibt es meines Erachtens keine einleuchtenden Gründe, warum Menschen nicht über persönliche religiöse Erfahrungen sprechen sollten. Was ist daran peinlich? Gut, es gibt eine Art und Weise, überhaupt von dem eigenen Leben zu reden, die Peinlichkeit erzeugt. Aber das ist dann ein Stilproblem, keine Frage eines bestimmten Lebensgebietes.

DRITTENS: *»Man sollte anderen Menschen seinen Glauben nicht aufzwingen.«*

Das ist wahr; aber wer spricht denn von aufzwingen? Es geht zunächst darum, so als Christ zu leben, dass andere einen nach dem Glauben fragen. Es geht dann auch darum, Menschen mit dem Angebot des Glaubens bekannt zu machen, die nicht gefragt haben. Christen besitzen etwas, das ihrem Leben eine neue Mitte, Geborgenheit, Halt, Freiheit und Glück gegeben hat. Sie besitzen ein Medikament, das Kranken helfen kann und das sonst nicht im Handel zu haben ist. Nun sollen sie es angeblich geheim halten – alles nur aus Angst, anderen Hilfe aufzuzwingen. Was für eine seltsame Logik!

VIERTENS: *»Viele können sich nicht richtig ausdrücken, wenn es um den Glauben geht. Darum sagen sie nichts.«*

Das klingt nach einem Formulierungsproblem. Innen sei da schon lebendiger Glaube vorhanden, aber das Äußern dieses Glaubens gelinge eben nicht. Vielleicht brauchten solche Menschen mehr Anleitung, vermutet man. Es müssten Kurse angeboten werden unter der Überschrift: »Heute noch vom Glauben reden – aber wie? «

Aufgrund von Bibel und Erfahrung kann ich dieser Theorie nicht zustimmen. Jesus hat sehr klar gesagt: »Denn wovon das Herz voll ist, davon spricht der Mund« (Matthäusevangelium, Kapitel 12,34). Dies ist ein Wort der Weisheit. Es drückt eine allgemein menschliche Erkenntnis aus. Menschen reden IMMER von dem, was sie erfüllt. Sie wissen, dass sie nicht jedem Beliebigen erzählen können, was sie glücklich oder traurig, stolz oder enttäuscht sein lässt. Aber sie möchten reden, und sie schaffen es auch. Manchen ist es gegeben, dafür kluge, schöne oder eindrucksvolle Worte zu finden, anderen nicht.

Angewendet auf die Frage des Glaubens bedeutet das: Wenn das Herz voll ist von Jesus (und darauf wirkt der Heilige Geist hin), spielt die »Ausdrucksweise« eine völlig untergeordnete Rolle. Oft können gerade ungehobelte Worte einem sehr zu Herzen gehen. Wer behauptet, ihm fehlten die Worte zum Jesuszeugnis, täuscht sich selbst. In Wirklichkeit fehlt ihm der Heilige Geist.

Zum Schluss dieses Kapitels möchte ich weitergeben, was mir einmal ein katholischer Priester im Blick auf unsere Beziehung zu Jesus sagte: »Wer verliebt ist, kann ruhig einmal dummes Zeug reden.« Er meinte damit: Wer von Jesus so erfüllt ist wie ein Mensch von dem geliebten Du, kann ruhig einmal über das Ziel hinausschießen. – Überschwänglichkeit gehört zum Wesen des Heiligen Geistes!

# KAPITEL 17

# *Mit Wundern rechnen*

Ich habe mir ernsthaft überlegt, ob die Dinge, die in diesem Kapitel thematisiert werden, nicht wegbleiben können. Für ein solches Weglassen hätte es drei Gründe gegeben.

**ERSTENS:** Bei diesem Buch handelt es sich um einen **GRUNDKURS** des Glaubens. Ist das, was jetzt folgt, nicht doch so etwas wie höhere geistliche Mathematik? Braucht man diese Dinge, um zum Glauben zu kommen?

Nein, man braucht sie eindeutig nicht. Ich habe nie etwas anderes gesagt oder geschrieben. Allerdings lässt sich theologisch zeigen, dass die ersten Christen gleich bei ihrer Bekehrung mit der Vielfalt der Wirkungen des Heiligen Geistes bekannt gemacht wurden, und zwar theoretisch und praktisch. Bei diesen Wirkungen geht es natürlich nicht **NUR** um diejenigen Phänomene, über die ich im folgenden sprechen werde, aber eben auch. Wo bliebe die Logik, wenn ich sie hier auf einmal wegließe?

**ZWEITENS:** Das Allermeiste, was in diesem Kurs gesagt wird, findet die Zustimmung **JEDES** gläubigen Christen. Im Blick auf die Dinge, um die es in Kapitel 17 geht, existiert noch keine Übereinstimmung. Soll man aber nicht die Gemeinsamkeiten betonen?

Man soll, und ich versuche das ständig. Nur braucht das nicht zu bedeuten, dass man über Themen **SCHWEIGT**, die Mitchristen anders sehen. Sie haben das Recht zu ihrer Auffassung, ich zu meiner. Mein Harmoniebedürfnis ist nicht so groß, dass ich ihm Erkenntnisse opfern möchte, die ich für wichtig halte.

**DRITTENS:** Ich könnte Leser verstehen, die sagen: Kapitel 17 bringt für »erste Hinweise« ein bisschen viel, für eine gründliche Beschäftigung aber viel zu wenig. Gut. Aber ich möchte schon, dass Sie als Leser verstehen: Hier handelt es sich um ernsthafte Dinge, für die offen zu sein oder zu werden sich lohnt. Wenn das passiert, bin ich froh. Aber dazu ist eben eine gewisse Ausführlichkeit der Darstellung vonnöten.

Meine Hauptthese lautet: Der Heilige Geist schenkt die Kraft zu einem christlichen Leben in **ALLEN** seinen Dimensionen. Er wirkt nicht in einem Teilbereich des Glaubens, sondern in dessen ganzer Breite. Hier geht es um das Außergewöhnliche **UND** um das Gewöhnliche, um Gipfelerlebnisse **UND** um das Leben in der Wüste, um die Erwartung von Wundern **UND** um zähen Einsatz der eigenen Kräfte, um Schweben **UND** um Kriechen, um Rettung aus bedrohlichen Situationen **UND** um Leiden für Jesus.

Das also ist die Grundthese. Aber sie schließt eben ein: Gott kann und will in unser Leben wunderbar hineinwirken.

Auf den Seiten des Neuen Testaments begegnen uns Menschen, die immer wieder mit außergewöhnlichen helfenden Eingriffen Gottes rechnen und sie erleben. Wer vom Heiligen Geist spricht, kommt an den Wundern und damit an dem Geheimnisvollen nicht vorbei.

Im folgenden greife ich drei der »wunderhaften« Geistwirkungen heraus. Ich tue dies, weil ich Sie korrekt, und das heißt auch: umfassend genug über den Heiligen Geist informieren möchte; weil selbst unter Gläubigen über diese Phänomene oft völlig unzureichende Vorstellungen herrschen; weil Leuten, die heute zum Glauben an Jesus kommen, solcherlei Dinge in den nächsten Jahren immer häufiger begegnen werden.

## GEISTLICHE KRANKENHEILUNG

1. **Wurzeln:** Jesus Christus heilte kranke Menschen in großer Zahl. Wichtiger noch ist, dass er dies als wesentlichen Bestandteil seines Hauptauftrages, also nicht bloß als Zugeständnis an die – leider – allzu irdischen Bedürfnisse seiner Zeitgenossen betrachtete. Er verlieh seinen Jüngern die Vollmacht, in seinem (also nicht in ihrem eigenen!) Namen dasselbe zu tun. Diesen Auftrag erfüllten sie tatsächlich auch nach der Auferstehung Jesu, wie das ganze Neue Testament zeigt. Der Dienst der geistlichen Krankenheilung war im Neuen Testament nicht problemlos (**NICHTS** war damals problemlos!), aber er gehörte zum Alltag der Mission und der Gemeinden.

2. VERLÄUFE: Die Kirche hat die Sicht Jesu und seiner ersten Prediger verhältnismäßig früh aufgegeben. Das bedeutet nicht etwa, dass es ab einem bestimmten Zeitpunkt keine Heilungen durch Gebet mehr gegeben hätte. Nein, diese Erfahrungen haben seit 2000 Jahren nie aufgehört. Nur wanderten sie aus dem normalen Alltag der Gemeinden aus. Sie blieben bestimmten besonders begnadeten Männern und Frauen vorbehalten. Was in der Urkirche normal war, passierte immer noch, aber als Ausnahme.

Beginnend im 19., vor allem aber im 20. Jahrhundert kam es wieder zu bemerkenswerten Veränderungen. Durch die »Pfingstbewegung« und die so genannten »charismatischen« Bewegungen geschahen viele Tausende von Glaubensheilungen. Aber auch kirchenoffizielle Empfehlungen des Heilungsdienstes wurden veröffentlicht. Von den Vertretern der historischen Kirchen zeigten sich zuerst die Anglikaner für das Heilungsgebet offen. Dann änderte die römisch-katholische Kirche den Namen eines ihrer sieben Sakramente, das lange »Sakrament der letzten Ölung« geheißen hatte. Sie spricht heute von dem »Sakrament der Krankensalbung«. Aus einem Sterbesakrament wurde eine heilige Handlung, die es dem Priester offiziell nahelegt, um Heilung Kranker zu beten, und für die die Kirche gedruckte Vorlagen anbietet. Inzwischen gibt es auch kirchenoffizielle lutherische Vorlagen für das Heilungsgebet und für Heilungsgottesdienste.

3. WIDERSTÄNDE: Erhebliche Widerstände gegen das Heilungsgebet kommen aus einer langen Frömmigkeitstradition. Sie lehrt bis heute, dass Krankheiten, die sich als ärztlich nicht heilbar erweisen, von den Gläubigen akzeptiert werden sollen. Entweder erklärt man, was Jesus damals getan habe, sei inzwi-

schen in die Verantwortung der Ärzte übergegangen, oder man hält es – sehr vage – für möglich, dass »Gott auch heute einmal ein Wunder der Krankenheilung tun kann«, rechnet aber in der Praxis nicht damit. Solche Parolen sind psychologisch sehr verständlich, nur haben Sie mit dem Neuen Testament nichts zu tun. Der Heilungsauftrag, den Christus der Kirche gegeben hat, endet erst, wenn eines kommenden Tages Gottes neue Welt anbricht, nicht vorher.

4. ABGRENZUNGEN: Nichtmedizinische Heilungsbemühungen haben Konjunktur. Kranke Menschen greifen – wer könnte das nicht verstehen? – nach jedem Strohhalm. Für Christen geht es nicht einfach darum, ob die etablierte Schulmedizin eine »Methode« bereits anerkennt. Die Geschichte des menschlichen Denkens beweist ganz allgemein, dass Neues sich auch bei Experten oft nur langsam durchsetzen konnte. Für uns ist es aber wichtig zu wissen, aus welcher Quelle die angebliche Heilung fließt. Das Motto »Gesundheit um jeden Preis« ist deshalb nicht akzeptabel. Wir erwarten »übernatürliche« Heilung ausschließlich von Jesus Christus, der Person, die uns im Neuen Testament vorgestellt wird und die Hauptthema dieser ganzen Schrift ist. Sein Name ist für uns eben keine Chiffre, die man durch eine andere ersetzen könnte, sondern er ist einmalig und unverwechselbar.

### *Deshalb identifizieren wir uns nicht ...*

... mit Menschen, die auf magische Weise »Heilung« vermitteln wollen, wobei sie ihr Tun entweder in drei Teufels Namen (schwarze Magie) einleiten oder mit den drei höchsten Namen eröffnen (weiße Magie). Ob man sich also an die finsteren

Mächte wendet oder göttliche Kräfte in den Dienst des Menschen stellen will – beides ist gleich schädlich und anmaßend;

... mit Leuten, die die These vertreten, Krankheit sei etwas Unwirkliches. Man müsse nur die richtige Einstellung haben, um sie zu überwinden. Dies geschehe durch den Einsatz menschlicher Geisteskraft;

... mit Praktiken, die angebliche kosmische Heilungskräfte auffangen und zu den Leidenden hinleiten wollen. Die Kräfte des auferstandenen Jesus Christus sind alles andere als »kosmische Kräfte«!

Dies sind nur drei Abgrenzungen. Es geht bei meinen wenigen Aussagen auch überhaupt nicht um Vollständigkeit. Nur eins ist für Christen wichtig: Abgesehen von den Vertretern der ärztlichen Heilkunst (die ich allerdings nicht auf die Schulmedizin begrenzen kann) wollen wir Heilung nur aus den Händen Jesu Christi empfangen!

## Regeln

Ich hatte gesagt, dass es für Christen nur einen Wunderheiler gibt, nämlich Jesus Christus. Allerdings heilt er normalerweise durch Gläubige. Wir können es Menschen erleichtern oder erschweren, mit seiner heilenden Gegenwart zu rechnen, zumal das ganze Gebiet ja noch immer heiß umstritten ist. Die folgenden 7 Regeln sollen auch dazu helfen, dass allmählich Vertrauen wächst.

*1. Den ganzen Menschen sehen*

Wer für Kranke betet, steht in Gefahr, einseitig gegen die Symptome anzugehen. Denn die Symptome sind es ja, die dem Leidenden Schmerzen oder Behinderung seines Lebens eintragen. Sie möchte er loswerden, und das ist nur zu verständlich. Nun ist es schon rein medizinisch nicht geraten, einfach Krankheitssymptome zum Verschwinden zu bringen. Ein vorhandenes Symptom kann ja Zeichen eines tieferliegenden Krankheitsproblems sein.

Die Psychosomatik hat seit Jahrzehnten deutlich gemacht, dass psychische Probleme die körperlichen Funktionen in Mitleidenschaft ziehen. Wir wissen heute, dass ein schwer abschätzbarer, aber riesiger Teil aller gesundheitlichen Leiden seelisch bedingt ist. Aber nicht nur die Psyche wälzt ihre unbewältigten Probleme auf den Körper ab, auch geistige Krisen können krank machen. Wer keinen Sinn in seinem Leben findet, dessen Gesundheit ist ebenfalls bedroht (Viktor E. Franki). Für die christliche Sicht tritt schließlich hinzu, dass eine gestörte Gottesbeziehung sich bis ins Körperliche hinein schädigend auswirken kann. Was ergibt sich daraus für die geistliche Krankenheilung?

Wir müssen immer den GANZEN Menschen sehen, wenn wir für Kranke beten. Es geht, anders gesagt, nicht um Reparaturen kranker Körperstellen, sondern um Gesundung der Person. Ich gebe gern zu, dass diese Einsicht den Heilungsdienst nicht gerade vereinfacht. Aber die Wirklichkeit ist auch sonst nie »einfach«.

*2. Keine Versprechungen machen*

Zwei Dinge sind zu unterscheiden: einmal Gottes Bereitschaft, Heilung zu schenken. Sie ist durch die Sendung Jesu ein für allemal manifestiert worden, denn Jesus heilte ohne Ausnahme alle, die krank zu ihm kamen oder gebracht wurden; zum Zweiten das Versprechen, dass Gott aufgrund eines bestimmten Gebets eine bestimmte Person bis zu einem bestimmten Zeitpunkt heilen werde. Ich leugne nicht, dass Gott grundsätzlich einem Beter die Gewissheit geben kann: »Ich werde diesen Kranken auf der Stelle vollkommen heilen«, und dass der Beter dies dann auch dem Leidenden einmal sagen darf. Nur sprechen Negativbeispiele eine beredte Sprache! Falls der Beter sich nämlich verhört hat (weil er in seiner Liebe zu dem Leidenden so sehr WOLLTE, dass dieser gesund wird) und der Kranke krank bleibt oder stirbt, sind schlimmste Folgen abzusehen. Am besten ist es zu sagen: »Wir bitten Jesus Christus jetzt um Heilung. Sie werden merken, dass Ihnen das Gebet in jedem Falle gut tut. Heilungsversprechen machen wir nicht.«

*3. Keinen Druck ausüben*

Das Problem liegt nicht in der Absicht! Sicherlich will niemand, der als Christ für Kranke betet, die Leidenden in irgendeiner Weise bedrücken. In der Praxis kann dies jedoch geschehen. Nach der Darstellung der vier Evangelien hat Jesus sehr häufig einen Zusammenhang zwischen erfahrener Heilung und dem erwartenden Glauben des Menschen aufgezeigt. Ich spiele an auf Sätze wie: »Dir geschehe nach deinem Glauben!« oder »Dein Glaube hat dich gerettet.« Es ist also nicht angemessen, diesen Zusammenhang einfach zu bestreiten, indem man etwa sagt, Gott in seiner Weisheit lasse sowieso geschehen, was er für richtig halte; daher spiele der Glaube des Menschen hier praktisch keine Rolle.

Bedrückung entsteht allerdings, wenn einem Menschen, für den wiederholt um Heilung gebetet wurde, der aber (noch) krank geblieben ist, daraus ein Vorwurf gemacht wird: Wenn du (mehr) geglaubt hättest, wärest du jetzt gesund. In einem solchen Falle muss man statt des ursprünglichen »einfachen« von einem dreifachen Leiden des Kranken sprechen: Er leidet wie bisher an seiner Krankheit, muss aber zweitens mit der Enttäuschung fertig werden, dass die Gebete ihm (noch) nicht geholfen haben und soll sich nun auch noch – drittens – schuldig fühlen, was häufig genug dann auch passiert ist. Das Heilungsgebet kann nur gesund wachsen, wenn zwar ständig zum Vertrauen in die heilende Macht Jesu Christi eingeladen wird, wenn aber daraus nicht eine schuldig sprechende Forderung abgeleitet wird. Die Kranken müssen im Gegenteil mit herzlicher Liebe umgeben, »getragen« werden.

### *4. Gott nicht einschränken*

Aus christlicher Sicht ist geistliche Krankenheilung nicht Machtausübung, wie wir bereits sahen, sondern Gebetsdienst. Gebete werden von einem souveränen Gott souverän beantwortet: manchmal sofort, manchmal schlagartig, aber zu einem späteren Zeitpunkt, manchmal schrittweise, manchmal gar nicht. Es ist wichtig, das Wie einer Gebetserhörung immer – also auch auf diesem Gebiet – Gott zu überlassen.

## *5. Mit Ärzten zusammenarbeiten*

Gelegentlich sagen Christen: »Ich gehe zu keinem Arzt mehr. Mein einziger Arzt ist Jesus Christus.: Nach dieser Sicht gilt der Dienst der Ärzte nur den Ungläubigen. Ich kann eine solche Auffassung im Neuen Testament nicht finden. Außerdem habe ich den grundsätzlichen Verdacht, dass Leute, die solche Parolen vertreten, psychische Probleme haben (u.a. Angst vor Ärzten). Was ist, wenn Menschen, denen man eine derartige Unterweisung gab, dann doch frühzeitig sterben? Ich denke hier gar nicht in erster Linie an die rechtlichen Probleme (Anklage auf unterlassene Hilfeleistung). Aus theologischen und praktischen Gründen habe ich immer für ein Zusammenspiel von ärztlichem und geistlichem Heilungsdienst plädiert und damit ausgesprochen gute Erfahrungen gemacht. Das gilt besonders dann, wenn die Ärzte Christen sind und den geistlichen Heilungsdienst selber anerkennen oder sich sogar in ihm engagieren. Ich bete ungern für Leute um Heilung, die bewusst einer vorherigen ärztlichen Diagnose ausweichen. Umgekehrt kann es allen Beteiligten nur helfen, wenn ärztliche Atteste eine Glaubensheilung nachträglich bestätigen.

## *6. Aufrichtigkeit walten lassen*

Die Art, wie Gläubige von erlebten Heilungen erzählen, muss von geradezu präziser Genauigkeit sein. Jede Ausschmückung, alle Übertreibungen steigern nicht etwa die Erwartung an Gott, sondern wecken früher oder später Misstrauen. Wir sollten jederzeit »die Karten auf den Tisch legen«. Auch Nichtheilungen müssen ehrlich zugegeben werden. In einem solchen Klima der

Aufrichtigkeit kann Wachstum geschehen. Auch kritische Fragen der Skeptiker brauchen uns nicht in Verlegenheit zu bringen. Wir wissen doch, dass Gott seine Kinder so akzeptiert, wie sie sind, also auch uns Anfänger im Heilungsdienst!

### *7. Aus Erfahrungen lernen*

Das ganze Gebiet ist riesig. Alle Theorien, die nicht dem Praxistest ausgesetzt wurden, haben hier keinen sehr hohen Nutzwert. Es ist wichtig, fortgesetzt zu lernen – am allermeisten, Gott immer stärker zu vertrauen.

Heute geschehen in christlichen Gemeinschaften und Gemeinden wieder unzählige Heilungswunder: von spürbaren, aber medizinisch unerwarteten Beschleunigungen »natürlicher« Heilungsprozesse bis zu Spontanheilungen bei Kranken im Endstadium. Die Qualität der neutestamentlichen Heilungserfahrungen liegt allerdings noch vor uns.

## GLOSSOLALIE

Seit 2000 Jahren gibt es sie, diese anstößige Gabe des Heiligen Geistes. »Zungenrede« wird sie im allgemeinen genannt, »Sprachengebet« wäre eine bessere Bezeichnung; ich persönlich halte es für das beste, das alte Fremdwort zu benutzen, das dem biblischen Originalbegriff entspricht, also von »Glossolalie« zu reden (abgeleitet von dem griechischen Wort glossolalia).

In der Urkirche war sie geläufig, und zwar in der Breite der Gemeinden, später wurde aus dem Strom ein schmales Rinnsal. Wir müssen aber davon ausgehen, dass dieses Rinnsal nie versiegte. Besonders seit dem Beginn des 20. Jahrhunderts erlebte diese Gabe eine neue Blüte, und zwar in den sogenannten Pfingstgemeinden sowie, ab der Mitte des Jahrhunderts, in den sogenannten »charismatischen« Bewegungen. Heute praktizieren weltweit viele Millionen das Sprachengebet. Unter ihnen befinden sich erstaunlich viele hochgebildete Personen. Der Eindruck also, hier handle es sich um eine Äußerung von Leuten, die intellektuell nicht bis drei zählen könnten, passt zwar herrlich ins Klischee, geht aber an der Realität gänzlich vorbei.

Damit bin ich schon bei der Frage der Bewertung. Über diese Gabe ist ausgesprochen viel gestritten worden. Sie wurde verdächtigt und verteidigt, unterbewertet und überschätzt.

Es geht mir in diesem Abschnitt nicht darum, Sie für eine spezielle Sicht der Glossolalie zu erwärmen. Sie müssen nur wissen, dass überall dort, wo Christen ganz unbefangen nach der Fülle des Heiligen Geistes fragen, diese Gabe auftreten kann, und zwar gewollt oder ungesucht. Sie könnte sich also früher oder später auch bei einem Ihrer Freunde oder bei Ihnen selbst einstellen. Auf diese Erfahrung möchte ich Sie mit den folgenden wenigen Hinweisen vorbereiten. Es gibt nämlich nicht wenige Menschen, die diese Gabe bei sich entdeckten und einfach nicht wussten, worum es sich handelte und was sie damit anfangen sollten.

Hört man wissenschaftlich tätigen oder geschulten Theologen zu, so spürt man häufig eine von vornherein abwertende Haltung Glossolalie gegenüber. Sie leugnen nicht, dass es so etwas in der Urkirche gab. Sie erwähnen natürlich auch, dass der größte Theologe unter den ersten Christen, Paulus, selber »in Zungen« betete (1. Korintherbrief Kapitel 14,18). Dann beeilen sie sich allerdings, darauf hinzuweisen, Paulus habe vor einer Überschätzung dieser Gabe gewarnt, und berufen sich dabei auf seine Ausführungen im 1. Korintherbrief, Kapitel 14.

Meist verwechseln sie die Kritik des Apostels an der damaligen **PRAKTIZIERUNG** der Gabe mit einer Abwertung der Gabe selber (die Paulus in Wirklichkeit absolut fernliegt). Versuchen sie einem zu erklären, was da passierte, so reden sie von »unartikuliertem Lallen« oder von »ekstatischem Reden«. Solche Missverständnisse erklären sich leichter von dem kulturellen Hintergrund der Theologen als von einem genauen Studium der urchristlichen Zeugnisse oder einer intensiven Beschäftigung mit heutiger Glossolalie her.

»Zunächst müssen wir davon ausgehen, dass der Begriff - Zungenrede - in der evangelischen Theologie keine gute Presse hat ... Es wäre einmal einer wissenschaftskritischen Untersuchung wert, inwieweit die exegetischen und theologischen Urteile über die Zungenrede ideologisch vorgeprägt sind ... Natürlich wird man sich in seiner Kritik auf Paulus berufen; nur übersieht man vielfach, dass die apostolische Kritik der Zungenrede auf Grund einer Bejahung erfolgt, während die heutige Kritik fatalerweise meist auf Grund einer von vornherein gefällten Verneinung erfolgt.« So Rudolf Bohren, selber Theologieprofessor.

Im folgenden beschränke ich mich auf einige wenige Hinweise zur Sache selbst.

**ERSTENS:** Wenn es um die Glossolalie geht, so vermeide man Worte wie »Lallen« oder den Fachbegriff »Ekstase« am besten ganz. Das Neue Testament verwendet sie in diesem Zusammenhang auch nicht, und das könnte ja in der Sache selbst liegen. Meine eigene

Wahrnehmung glossolalischer Gebete während der vergangenen Jahrzehnte würde mich nie auf die Idee bringen, an Lallen oder Ekstase zu denken. Natürlich habe auch ich meine Erfahrungen mit lallenden Menschen, besonders wenn sie stark alkoholisiert waren; auch so etwas wie Ekstase ist mir bekannt, wenn ich etwa an Sportveranstaltungen oder an große Rockkonzerte denke – nur eben nicht in Verbindung mit Glossolalie.

Leider kann ich Ihnen zur Zeit kein Tonband zuschicken, auf dem, bunt gemischt, Gebetsbeiträge unterschiedlicher Menschen aus, sagen wir, 100 Nationen zusammengestellt sind. Grundsätzlich ist so etwas ja mit einigem Fleiß zu bewerkstelligen. Unter diesen 100 Gebeten müssten nun 50 sein, bei denen das Gebet die Gestalt der Glossolalie besitzt. Ich würde Sie jetzt bitten, die glossolalischen Beiträge herauszufischen. Mit dieser Aufgabe, davon bin ich aufgrund meiner Erfahrungen fest überzeugt, würden Sie nicht zurechtkommen. Sie würden zwar einige Beiträge als Reden in einer Muttersprache identifizieren können, und zwar etwa so viele, wie Sie selber Sprachen sprechen.

Bei den übrigen aber hätten Sie mehr Zufallstreffer als Erfolge. Warum? Weil ein Sprachengebet sich vom Sprachfluss und vom Klang her nicht von irgendeiner uns bekannten Sprache unterscheidet. Umgekehrt könnten Sie versuchen, auch nur eine Minute lang sinnlose, aber willentlich geformte Silben hintereinander auszusprechen und das Ergebnis dieser Übung aufzuzeichnen. Sie würden merken, dass dies keinen fließenden Sprachduktus ergibt.

**Zweitens:** Wer diese Gabe besitzt, kann beginnen und enden, wann er will. Er steht unter keinerlei Zwängen. Allerdings kann er sich die glossolalische Sprache nicht aussuchen. Ob das, was er betet, also wie Altgriechisch, Japanisch oder eine afrikanische Stammessprache klingt, liegt nicht in seiner Entscheidung.

DRITTENS: Dieser Gabe ist eine andere zugeordnet, nämlich die der »Auslegung« (vergleiche 1. Korintherbrief, Kapitel 14,5.13.27-28). Wer sie empfangen hat, kann eigenes oder fremdes Sprachengebet in seiner Muttersprache wiedergeben. Es geht dabei nicht um eine wortwörtliche Übersetzung, sondern um ein geistliches Erspüren und Aussprechen des Gebetsinhalts.

## Der geistliche Gewinn dieser Gabe

Es könnte sein, dass Sie ohne Vorurteile und Ängste, wie sie bei vielen Gläubigen an dieser Stelle zutage treten, den bisherigen Ausführungen – ein wenig neugierig – gefolgt sind. Jetzt fragen Sie sich allerdings: Worin soll der Gewinn einer Gebetsart liegen, bei der man selber gar nicht versteht, was man betet? Hinter Ihrer Frage steht die unausgesprochene Überzeugung: Wenn man schon betet, sollte man doch selber wissen, was man gerade tut. Das Gebet sollte verständlich sein. »Verständlich ist nun aber logischerweise ein Gebet, das der VERSTAND« begreift.

Damit stehen wir vor einem sehr interessanten Problem. Welche Rolle spielt der Verstand innerhalb des Glaubens, speziell beim Beten? Der Verstand umfasst ja nur einen verhältnismäßig kleinen Bereich meiner Person. Darüberhinaus gibt es Tiefenschichten, in denen zum Beispiel Menschheitserinnerungen, persönliche Lebenserfahrungen, aber auch künstlerische

Fähigkeiten »wohnen« und aus denen sie aufsteigen. Darf diese »Schicht« unserer Person, die für das gesamte Leben so wichtig ist, im Gebet »mitreden«? Oder wäre es richtiger, das Gebet ausschließlich dem Bereich des bewussten Willens und damit auch des Verstandes vorzubehalten? Anders gesagt: Gebet ist ein Sprechen, nämlich des Menschen zu Gott. Gibt es hier nur die Sprache der willentlich-bewusst gewählten Worte?

Wir kennen lange schon die stumme Sprache. Leidende können uns wortlos in einer Weise anschauen, dass es uns durch und durch geht, weil ihre Augen und ihr Gesicht uns alles »sagen«. Ferner wissen wir einiges über die »Körpersprache«. Wir meinen damit, dass ein Mensch durch seine Haltung, durch bestimmte Bewegungen des Kopfes, der Arme oder der Beine, ja durch die Art seines Sitzens seine inneren Empfindungen ausdrückt. Diese Sprache ist so eindeutig, dass geübte Leute ausmachen können, was ein Mensch trotz mitunter anderslautender Worte eigentlich meint. Übrigens arbeitet die wunderbare Kunst der Pantomime nur mit der Sprache des Körpers.

Dann gibt es bekanntlich die »Sprache« der Musik. Sie ist viel universaler und gehört viel mehr zum Menschsein, als wir zunächst denken. Wer sich freut oder wenigstens sehr entspannt fühlt, summt, pfeift oder singt ein Lied(chen). Warum zum Beispiel singen auch unmusikalische Männer unter der warmen Brause?

Manche können das, was sie »sagen« wollen, durch selbstgemalte Bilder ausdrücken. Andere setzen sich ans Klavier und improvisieren, wenn sie in bestimmter Weise bewegt sind. All dies geschieht ohne Worte, ist aber ungemein aussagekräftig.

Darf ich Sie fragen, ob Sie auf all diese verschiedenen Weisen, etwas auszusagen, verzichten möchten? Wäre das nicht eine schreckliche Verarmung des Lebens?

Darum gefällt mir eine Formulierung des Theologen Rudolf Bohren, der im Blick auf die Glossolalie von **»Spracherweiterung«** redet. »Betrachtet man die Zungenrede unter dem Vorzeichen der Spracherweiterung, wird erklärlich, warum der Prediger Paulus mehr als alle anderen in Zungen redet. Das »Sinnlose« der Zungenrede, das nur von Gott her Sinn hat, wird den Sinn bereichern. Der Apostel mehrt die Ehre Gottes durch seinen zungenredenden Lobpreis, und dieser wird nicht ohne Einfluss sein für die fünf Worte, die er mit dem Verstand spricht«.

Dies bedeutet, dass sich ein Mensch über alles bewusste, vom Verstand kontrollierte Reden hinaus an Gott im Gebet verströmen kann, wenn ihm die Möglichkeit der Glossolalie zur Verfügung steht. Derartige Erfahrungen werden seit Jahrzehnten mit großer Dankbarkeit von jenen bezeugt, die mit dieser Gabe leben.

Wenn Gott Sie hier beschenkt, so praktizieren Sie diese Gabe doch so viel wie möglich im persönlichen Gebet. Falls Sie Zugang zu sogenannten charismatischen Gottesdiensten haben, in denen Raum auch für die Ausübung der Glossolalie ist, setzen Sie sie ebenfalls ein, allerdings so, dass Sie sich der gottesdienstlichen Leitung unterordnen. Spüren Sie andererseits, dass Sie Sehnsucht nach dieser Gabe bekommen, so beten Sie um sie. Dies geschieht am leichtesten in Anwesenheit von Menschen, die sie selber aus persönlicher Erfahrung kennen.

Die wichtigste Geistesgabe nach dem Dienst der Apostel ist für das Neue Testament nicht Krankenheilung oder Glossolalie, sondern die Prophetie. Dieses Geschehen wird in manchen Bibelübersetzungen mit »Weissagung« wiedergegeben. Auch über diese Gabe möchte ich Ihnen nur soviel schreiben, dass Sie auf die reale Begegnung mit ihr vorbereitet sind. Vielleicht reizt es Sie ja, sich später vertieft mit diesem Thema zu befassen.

Das erste, was dem Freund der Bibel in die Augen springt: Alle reden von Prophetie, aber die wenigsten wissen, was das ist. So kann zum Beispiel ein Politiker erklären: »Ich bin zwar kein Prophet, aber ich gehe davon aus, dass wir im nächsten Kalenderjahr ein Wirtschaftswachstum von so und so viel Prozent haben werden. «Was er hier aufstellt, ist eine Prognose. Prognosen sind für die Wirtschaft, die Politik, die Wissenschaften, die Kirchen -kurz: für alle, die eine verantwortungsvolle Planung brauchen, unabdingbar. Sie kommen dadurch zustande, dass man sich möglichst exakte Daten über den Istzustand verschafft, die bisher auf den fraglichen Bereich einwirkenden Faktoren untersucht, nach eventuell neu hinzu kommenden Kräften fragt und so eine wissenschaftlich fundierte gedankliche Vorwegnahme zukünftiger Zustände versucht. Prognosen sind umso richtiger, je mehr Faktoren bekannt sind und in ihrem Gewicht richtig eingeschätzt werden.

Noch einmal: Auch wenn Prognosen Vermutungen sind, die ja auch immer wieder durch Tatsachen korrigiert oder ganz über den Haufen geworfen werden, handelt es sich doch um **WISSENSCHAFTLICH** begründete Unternehmungen. Für Christen sind sie, je nach ihrem beruflichen Verantwortungsgrad, mehr oder weniger unentbehrlich. Nur: Eine Prognose ist keine Prophetie.

Es gibt viele andere Missverständnisse. Manche denken bei dem Wort Prophetie an besonders eindringliche Predigten, an seelsorgerliche Leidenschaft, an Gesellschaftskritik im Gewand des Christentums. Darum ist eine einfache Klärung nötig: Prophetie ist inspirierte, also von Gott eingegebene Rede. Gott vertraut Menschen des Glaubens Botschaften für andere Menschen an, die sie weder aus ihrer Lebenserfahrung oder aus ihrem Nachdenken noch aus ihrer Bibelkenntnis ableiten können. Christen sind zwar überzeugt, dass alle prophetischen Botschaften mit der Bibel sachlich übereinstimmen müssen, doch heißt das eben nicht, dass sie lediglich eine Auslegung der Heiligen Schrift darstellen. Der Ausleger der Bibel weiß immer etwas zu sagen; der Prophet darf nur sagen, was Gott ihm zuraunt. Schweigt Gott, so hat auch der Prophet zu schweigen.

Gott benutzt verschiedene Wege, zu prophetisch begabten Menschen zu sprechen. Eine große Rolle spielen hier innere Bilder, sogenannte Visionen (nicht zu verwechseln mit Halluzinationen), dann innere Worte, die Menschen vernehmen, gelegentlich so »laut«, als hätte ein ihnen bekannter Mensch gerufen (vergleiche 1. Samuelbuch, Kapitel 3 ), also sogenannte Auditionen, aber auch in begrenztem Rahmen Träume (hier ist besondere Vorsicht geboten!).

*In aller neutestamentlichen Prophetie geht es um »Offenbarung«, das heißt um ein Wissen, das von Haus aus nur Gott allein besitzt und das er durch die prophetische Gabe übernatürlich bekanntmacht.*

Ich möchte dies in verschiedene Richtungen hin verdeutlichen.

### *1. Ankündigende Prophetie*

So falsch es ist, Prophetie LEDIGLICH als zukunftsbezogene Rede zu verstehen, so wenig kann man umgekehrt diese Seite leugnen. Gott vertraut den prophetisch Begabten an, was heute noch zukünftig ist. So hat zum Beispiel Jesus selber seinen Lebensausgang vorhergesagt (Markusevangelium, Kapitel 8,31;9,31;10,33-34). Wenn man gewisse Erfahrungen mit der Gabe der Prophetie hat, gehört dies zu den leicht begreiflichen Dingen im Leben des Mannes aus Nazareth. In der ersten Christenheit wurde eine Hungersnot vorausgesagt, so dass die Christen sich darauf einstellen konnten (Apostelgeschichte, Kapitel 11, 27-30). Durch denselben Propheten erfuhr Paulus, dass er in die römische Gefangenschaft geraten werde (Apostelgeschichte, Kapitel 21,10-11).

### *2. Diagnostische Prophetie*

Durch die diagnostische Prophetie wird Gottes eigene Kenntnis der inneren Verfassung von Menschen oder Gruppen öffentlich gemacht. Ein Beispiel findet sich im 1. Korintherbrief, Kapitel 14, 24-25: »Wenn aber alle prophetisch reden und ein Ungläubiger oder ein Unkundiger kommt herein, dann wird ihm von allen ins Gewissen geredet, und er fühlt sich von allen ins Verhör genommen; *was in seinem Herzen verborgen ist, wird aufgedeckt. Und so wird er sich niederwerfen, Gott anbeten und ausrufen: Wahrhaftig, Gott ist unter euch!*« Weitere Beispiele für diesen Typ von Prophetie sind die sogenannten Sendschreiben der Offenbarung des Johannes (Offenbarung, Kapitel 2-3).

### *3. Beauftragende Prophetie*

Gott hat für die Arbeit in seinem Reich bestimmte Menschen vorgesehen, und er möchte, dass die Christen wissen, wer die Betreffenden sind. Durch die Gabe der Prophetie gibt er bekannt, wen er haben möchte. So wählt Jesus die 12 Apostel unter einer weit größeren Zahl von Anhängern aus. Aber ehe er dies tut, verbringt er eine ganze Nacht im Gebet. Er empfängt also prophetische Eindrücke von seinem himmlischen Vater. So trifft er seine Entscheidung nicht eigenmächtig, sondern aufgrund des prophetischen Hörens (Lukasevangelium, Kapitel 6,12-16). Ähnlich startet Paulus seine erste »Missionsreise« nicht aus eigenem Impuls, sondern gehorcht einer Prophetie, die in seiner Gemeinde ausgesprochen worden war und die ihn und seinen Mitchristen Barnabas auf den Weg bringt (Apostelgeschichte, Kapitel 13,2).

Ich bin mir bewusst, dass gerade das Thema Prophetie sehr umfangreich ist. Gott ist weltweit dabei, diese Gabe wieder in Kraft zu setzen. Der Weg vom ersten Auftreten dieser Gabe im Leben von Gläubigen bis zur Ausreifung prophetischer Persönlichkeiten ist lang.

Für denjenigen, der mit diesen Dingen keine Erfahrung hat, wirkt das Gebiet sehr geheimnisvoll, aber auch für Menschen, die wieder und wieder durch prophetische Worte beschenkt worden sind, bleibt es etwas ganz Kostbares. Hier entsteht das schwer abweisbare Empfinden, dass Gott gegenwärtig redet und dass »ich gemeint bin«. Diese Erfahrung, dass Gott jetzt spricht, kann etwas geradezu Ehrfurchtgebietendes annehmen.

## Kapitel 18

# Lohnt sich das?

Unser Glaubenskurs neigt sich dem Ende zu. Ich wünschte, Sie hätten es gemerkt: Es ging in allen Teilen dieser Schrift immer nur um die Einladung zu einem Leben mit Jesus Christus. »Leben«, sagte ich. Auch dieses Leben ist vielgestaltig, abwechslungsreich, gefährdet, entwicklungsfähig. Alle Schilderungen erfassen nur Aspekte, niemals das Ganze – noch weniger bloße Begriffe.

In früheren Kapiteln hatte der Kurs konkrete Hilfen zu der Frage angeboten, wie Sie einen realen Kontakt zu Jesus Christus finden können. Durch die »Lebensübergabe« werden Sie an den Stromkreis Gottes angeschlossen. Sie treten also in ein neues Kraftfeld ein. Außerhalb dieses Kraftfeldes bleibt für Sie alles nur graue Theorie.

Vielleicht haben Sie den Schritt zu Jesus Christus bereits an der Stelle getan, an der in diesem Buch auf ihn hingewiesen wurde. Vielleicht wollten Sie aber auch erst weiterlesen, um einen Überblick über die ganze Schrift und damit über alles zu gewinnen, was da auf Sie zukäme, wenn Sie Christ würden. Dann steht Ihre Entscheidung also noch aus.

Ich fände es schade, wenn bei Ihnen der Eindruck zurückbliebe, das alles sei nichts für Sie. Dieses Empfinden könnte damit zusammenhängen, dass Sie eine riesige Forderung auf sich zukommen sehen. »Christsein muss ja schrecklich anstrengend sein. Und aufgeben soll man auch so manches. Ich wüsste bloß gern, was man selber am Ende davon hat?«

Nun, ich weiß nicht, wie konzentriert Ihre Lektüre war. Als Autor wollte ich zwar nicht um den Ernst der Dinge herumreden, Sie aber auch nicht in ein Arbeitslager einladen – sondern zu dem Fest des Glaubens, zur Freude, zum Glück. Denn das ist ja der Glaube! Vielleicht kann Ihnen dieses letzte Kapitel noch einmal vor Augen führen, was Sie gewinnen, wenn Sie sich auf Christus einlassen. Ich denke nämlich, dass die Menschen normalerweise nicht ihrer Einsicht folgen, sondern dem, was sie für ihr Interesse halten. Erwägen Sie also in Ruhe die folgenden Aspekte. Es würde mich freuen, wenn Sie am Ende »bereit« wären .

Zunächst möchte ich die Antwort bündeln, die wir auf der Suche nach einer einfachen Erklärung für das Christsein gefunden haben. Sie lautet:

*Ein Christ ist ein Mensch, ...*

1. ... der durch Jesus Christus die Brücke zu Gott gefunden hat;

2.... für den Jesus Christus die letzte Instanz seines Lebens geworden ist;

3.... der durch Jesus Christus im Kraftfeld des Heiligen Geistes lebt. Dies ist eine dreifach-eine Antwort. Jeder ihrer Teile enthält zahlreiche Offerten Gottes.

Beginnen wir noch einmal mit der Aussage, dass ein Christ ein Mensch ist, der durch Jesus Christus Zugang zu Gott gefunden hat. Welche Angebote verbergen sich hinter dieser Aussage?

## 1. Das hoffnungslose Suchen nach Gott hört auf

Es könnte doch sein, dass dies für einige von Ihnen eine wirklich gute Nachricht ist: Gott lässt sich finden. Es gibt eine Alternative zur Ungewissheit, zu den Fragen ohne Antworten, zu einem ständigen Herumtappen. Ich hatte an einer früheren Stelle dieses Buches Gotthold Ephraim Lessings Auffassung zitiert, derzufolge es im Glauben um das Suchen, nicht ums Finden gehe (siehe Seiten 114-115). Bitte denken Sie doch einmal in Ruhe über die Antwort nach, die sein Kritiker Johan Melchior Goeze (1717-1786) damals formulierte: »Wenn Gott mir in seiner Rechten den einzigen immer regen Trieb nach Wahrheit, obschon mit dem Zusatze, mich immer und ewig zu irren, und in der Linken das allerschrecklichste Schicksal, vernichtet zu werden, vorhielte und sagte: „Wähle!" – so würde ich mit Zittern in seine Linke fallen und sagen: „Vater, vernichte mich!" Denn gehört die reine Wahrheit allein Gott, bin ich in ewiger Gefahr zu irren, so ist kein Augenblick möglich, da ich versichert sein könnte, dass ich nicht irre – und dabei einen immer regen Trieb nach Wahrheit zu haben, das ist der schrecklichste Zustand, in welchem ich mir eine Seele denken kann. Und das ist, nach Herrn Lessings ganzer Vorstellung, der Zustand, zu welchem Gott alle Menschen in dieser und jener Welt bestimmt haben soll. Nach dieser Lehre ist alle Zuversicht des

Glaubens, alle Freudigkeit zu Gott, alle Hoffnung des ewigen Lebens Torheit und Einbildung.«

Nicht geistige Starrheit und Verschlossenheit, aber Gewissheit in den Grundfragen suchen wir alle. Das ist jedenfalls meine Überzeugung. Die Heimkehr zu dem Gott Jesu löst das Gewissheitsproblem.

## 2. Wir machen die Erfahrung unbeirrbarer Liebe

Denken Sie bitte noch einmal an die Geschichte von den beiden verlorenen Söhnen zurück (Seiten 38-39). Der Vater läuft dem verarmten, verkommenen und vereinsamten Sohn entgegen, umarmt und küsst ihn. Aber auch auf den verbitterten, selbstgerechten älteren Sohn geht er in großer Herzlichkeit zu: *»Schließlich kam der Vater heraus und redete ihm gut zu«* (Lukasevangelium, Kapitel 15,28).

Was Jesus hier im Bild sagt, meint nicht ein Phantasieprodukt, sondern eine reale Erfahrung. Vielleicht sind Sie jetzt so weit, einmal den Zusammenhang nachzulesen, in dem sich diese alte Geschichte findet. Warum hat Jesus sie damals erzählt? Er rechtfertigte mit ihr sein eigenes Verhalten! Achten Sie einmal auf die Rahmung der Erzählung: »Eines Tages waren zahlreiche Zolleinnehmer und andere, die einen ebenso schlechten Ruf hatten, zu Jesus gekommen und wollten ihn hören. Die Pharisäer und Gesetzeslehrer waren darüber ärgerlich und sagten: "Er lässt das Gesindel zu sich! Er isst sogar mit ihnen!" Da erzählte Jesus ihnen ein Gleichnis ...« (Lukasevangelium, Kapitel 15,1-3; diese Rahmenverse gelten für alle drei Geschichten, die in diesem Kapitel stehen).

Jesus hat den Schuldiggewordenen SEINE Tischgemeinschaft gewährt und ihnen damit GOTTES VERGEBUNG UND LIEBE GESCHENKT. Zur Verteidigung dieses seines Verhaltens erzählt er das Gleichnis von den beiden verlorenen Söhnen.

Also: Die Heimkehr zu Gott geschieht durch die Hinkehr zu Jesus; wen Jesus annimmt, den nimmt Gott an; wem Jesus verzeiht, dem verzeiht Gott; wem Jesus seine Liebe schenkt, dem schenkt Gott seine Liebe. Wir begegnen hier einer Liebe, die uns annimmt, wie wir sind! Das ist für die Betroffenen eine revolutionierende Erfahrung.

Viele Menschen laufen bettelnd herum: Sag mir doch, dass du mich liebst. Schenk mir doch Aufmerksamkeit und Zuwendung. Sie haben wohl selber Schwierigkeiten, sich zu lieben und anzunehmen. Wir sind – das ist wahr – auf Liebe hin angelegt. Sicher geht es am Ende nicht bloß darum, Liebe zu empfangen, sondern vor allem: Liebe zu schenken. Aber jeder kann natürlich nur geben, was er hat. Wenn Gott der unendlich Liebende ist, der Sie an sich ziehen möchte: könnte das nicht ein Grund sein, sich auf Jesus einzulassen?

## 3. Wir erleben die Entlastung von Schuld

Ich weiß nicht, ob Ihre eigenen schuldhaften Versäumnisse, Ihre aus Übermut begangenen Sünden, Ihre boshaften Verletzungen anderer Sie bedrücken. Natürlich sind solche Dinge in Ihrem Leben passiert, auch wenn Sie sich im Augenblick nicht daran erinnern. Glauben Sie bitte nicht, ich wollte Ihnen ein Schuldgefühl »einreden«. Aber derartige Einsichten können uns überfallen, zum Beispiel wenn ein naher Mensch plötzlich stirbt. Und dies ist nur eine von vielen Möglichkeiten. Der heroische Satz: »Ich muss schließlich für meine Schuld selber aufkommen«, bringt Ihnen keinen inneren Frieden.

Sie können versuchen, Schuld abzuschieben, zu bagatellisieren, zu verdrängen, wegzuerklären. Aber warum sollten Sie nicht eine Befreiungserfahrung machen, die Jesus Ihnen anbietet? Schuld kann Sie wie eine schwere Last bedrücken. Sie können umgekehrt die Vergebung Gottes so real als ein Aufatmen, als Freiheit spüren, wie Sie vorher die dumpfe Last der Schuld gespürt haben.

Gehen wir zur zweiten Dimension der christlichen Grunderfahrung über: Jesus Christus als letzte Instanz anzuerkennen. Was schließt dies an konkreten Angeboten Gottes ein?

## 4. Wir bekommen es mit einer gütigen Autorität zu tun

Es mag sein, dass einige von Ihnen erwidern: »Verzeihung, Sie dichten mir ein Bedürfnis an, das ich absolut nicht habe . Ich will keine Autorität, ich bin nämlich erwachsen. Ich habe lange genug gebraucht, um mich von Autoritäten freizumachen.«

Ich verstehe einen solchen Satz als Selbstschutz; viele von uns sind von Autoritäten enttäuscht worden, entweder weil diese unsere eigene gesunde Entwicklung behinderten, oder weil sie Ausbeutung betrieben. Heranwachsende müssen durch eine Zeit der Kritik an vorgegebener Autorität hindurch, sonst können sie sich nicht finden. Meine Frage ist nur, ob irgend ein Mensch auf die Dauer lebt, ohne für sich eine innere Autorität anzuerkennen. Für viele war es eine Partei; das ist heute sehr schwierig geworden. Der Staat als äußere und innere Autorität: auch diese Zeit scheint für uns alle kaum zurückzuholen zu sein. Die Kirche war mehr als tausend Jahre eine äußerst einflussreiche Autorität in Europa, aber diese Zeit ist noch eindeutiger beendet als die des Staates.

Bitte lassen Sie uns an dieser Stelle ganz ehrlich sein: Wie steht es mit den persönlichen Autoritäten? Welche Menschen üben auf uns einen prägenden Einfluss aus (ich spreche jetzt nicht von Dienstverhältnissen)? Für wieviele Leute ist es nach wie vor der Ehemann oder die Ehefrau – über alle Vernunft hin aus? Wer kennt die Zahl unserer Landsleute, für die »die Sterne« letzte Instanz ihres Handelns wurden? Wenn man das Thema der persönlichen Autorität einmal nicht begrifflich-abstrakt, sondern sehr konkret angeht, dann erkennt man schnell, dass jeder so seine Autoritäten hat. Auch jene, die erklären (und dies auch durchhalten!): »Ich tue nur, was ich vor mir selber vertreten kann«, leben nicht ohne Autorität; sie versuchen nur, sich selber Autorität zu sein.

Haben wir mit den Autoritäten, denen wir bisher Folge leisteten, wirklich positive Erfahrungen gemacht? Konnten sie uns »gut beraten«? Waren sie Autoritäten der Liebe? Würden wir sie ehrlichen Herzens anderen weiter empfehlen?

Umgekehrt: Was hat Jesus eigentlich an sich, das uns Grund gibt, ihm Misstrauen entgegen zu bringen? Hat er (ich spreche jetzt nicht von der Kirche!) jemals Menschen manipuliert oder für sich ausgenützt?

## 5. Wir entdecken den letzten Sinn des Lebens

Im dritten Kapitel dieses Grundkurses war die FRAGE nach dem Sinn des Lebens aufgeworfen worden, und zwar auf eine Weise, die meines Erachtens nicht abhängig ist von einem bestimmten Glauben. Die eigentlich christliche Antwort wollte ich dort noch nicht geben. Sie hätte nur sehr abstrakt formuliert werden können und damit vermutlich Langeweile ausgelöst. Inzwischen ist es sicherlich klarer geworden, in welcher Richtung die Antwort liegt. Sie werden auch verstehen, dass es bei dieser Antwort nicht um Selbstverwirklichung in irgendeiner Form gehen kann. Ich möchte immerhin zu bedenken geben, ob es den Menschen im Tiefsten befriedigt, wenn sich sein Leben allein um ihn dreht. Zunächst bringt eine ich-zentrierte Existenz ja Lustgewinn, aber mit den Jahren stellen sich Leere und Überdruss ein.

Gott macht uns das Angebot, Mitarbeiter in seinem Reich zu sein, das heißt alle unsere Energien dem großen Ziel zu widmen, dass seine gute Herrschaft sich unter den Menschen ausbreitet. Ein Christ kann, ohne damit sein Konto zu überziehen, sagen: »Ich kenne den Sinn meines Lebens und kann ihn, soweit es notwendig ist, in klare Worte kleiden. Ich weiß, woher ich komme, und ich weiß, was nach dem Tod, ja noch mehr, wer am Ende der Geschichte auf mich wartet. Ich werde die Ewigkeit bei Gott verbringen und kann schon jetzt im Licht seiner Liebe leben. Von dieser Liebe gebe ich soviel an andere weiter, wie mir möglich ist. Wenn sie sich daraufhin selber der Liebe Gottes öffnen und auch Christen werden, ist es wunderbar. Lehnen sie die Liebe Gottes ab, so habe ich ihnen jedenfalls meine ehrliche Zuwendung geschenkt.« Könnte Sie eine solche Antwort faszinieren?

Der dritte Aspekt des Christsein lautete: Ein Christ ist ein Mensch, der durch Jesus Christus im Kraftfeld des Heiligen Geistes lebt. Welche Chancen, welche Angebote Gottes enthält dieser Aspekt?

## 6. Das Leben kann noch einmal beginnen

Genau das meint ja der Ausdruck »Wiedergeburt«. Ich bin kein Opfer meiner Vergangenheit, selbst dann nicht, wenn ich die Lebensmitte längst überschritten habe. Die düsteren Schatten des Gewesenen müssen mein Leben nicht mehr bestimmen. Ich bekomme eine ganz neue Chance. In zahlreichen Filmen begegnet man dem Gedanken des Neuanfangs. Irgendwelche Leute, die kein gerade hochmoralisches Leben geführt haben, »setzen sich« zum Schluss »ab«, bringen sich im Ausland in Sicherheit, wollen noch einmal »ein neues Leben anfangen«. Das Geld dazu haben sie. Wenn man ihnen einen Augenblick glaubt, dass sie wirklich wollen, was sie sagen: geht das denn?

*Wir nehmen uns selber überallhin mit. Nur wenn wir uns loswerden, kann ein neues Leben tatsächlich beginnen.* Denn ich bin mir das größte Problem. Wir reden uns selbstverständlich gern ein, die anderen seien an unserem Unglück schuld, aber diese Sicht hält einem tieferen Nachdenken nicht stand. Mag sein, dass wir noch immer Menschen beneiden, die sich mehr Lebenskomfort leisten können als wir selber, und dass wir naiverweise glauben, sie seien deshalb glücklich, weil sie »es sich im Leben einfach schön machen können«. Aber das Glück hängt ohne Frage nicht von den Rahmenbedingungen unseres

Lebens ab, sondern davon, wie wir diesen Rahmen füllen.

Manche Christen feiern den Tag ihrer Hinwendung zu Jesus Christus wie einen Geburtstag. Recht haben sie!

## 7. Wir lernen eine neue Qualität von Gemeinschaft kennen

Ich spreche von der Kirche, in der das geschieht, was Jesus wollte. Da ich kirchlicher Profi bin, weiß ich natürlich, dass die Realität von Kirche anders sein kann und in zahllosen Fällen auch anders ist. Nur empfinde ich das heute nicht mehr als ein erdrückendes Gegenargument. Man darf einen Baum nicht bloß nach seinem Fallobst beurteilen. Es gab und gibt diese Lebensformen von Kirche, in denen KEIN Druck ausgeübt, KEIN Nebeneinanderherleben praktiziert, KEIN Abschieben der Schwachen gelebt wird. Ich spreche von einer brüderlichen – besser gesagt: geschwisterlichen – Kirche, in der die Herzlichkeit einer gesunden Familie vorherrscht.

Ich konnte die Erfahrung dieser Art Kirche über lange Jahre machen und weiß, wie Menschen dort aufblühen, weil sie nicht mehr Objekte, übrigens auch nicht religiöse Betreuungsobjekte, sondern aufrichtig geliebte Wesen sind. Diese Veränderungen habe ich mir nicht ausgedacht, sondern beobachtet.

## 8. Wir entwickeln uns zu einem neuen Charakter

Darüber hatte ich ja einiges gesagt. Unter den Veränderungen, die hier zu erwähnen sind, möchte ich eine besonders hervorheben: die neue Fähigkeit, sich zu freuen. Wer sich auf Jesus einlässt, erlebt gerade an dieser Stelle eine auffällige Wandlung. Die Leute berichten folgendes: Es handle sich nicht bloß um die Freude an Gott, sondern sie empfänden auch eine neue Freude an der Schöpfung. Sie erlebten Sonnenschein oder Vogelgesang intensiver als vorher. Das ganze Lebensgefühl habe sich verändert. Auch Routinetätigkeiten des Berufes seien nicht mehr »anödend«. In schwierigen Situationen, in denen andere schimpften, verlasse sie die Freude nicht. Ein Mann, der noch nicht lange Christ war, erzählte uns, wie die Freude an Jesus Christus ihn beim Tode seiner jungen Frau so getragen habe, dass er am Grab noch andere trösten konnte. Ja, Menschen berichten, wie diese Freude in ihrem Leben über jahrelange depressive Verstimmungen gesiegt hat.

Jetzt lade ich Sie noch einmal zu einer kleinen persönlichen Übung ein, von deren Ergebnis Sie niemandem erzählen müssen. Sie sehen unterhalb dieses Absatzes eine Waage älteren Typs mit den bekannten zwei Waagschalen. Eine trägt das Plus-, die andere das Minuszeichen. Das Minuszeichen deutet an: Wenn Sie Christ werden, rechnen Sie damit, dass Sie irgendwelche Dinge aufgeben bzw. ändern müssen. Die würden sozusagen links auf die Waagschale gelegt. Auf der anderen Seite gibt es vermutlich Dinge, die Sie an echten Christen beobachtet haben und von denen Sie erwarten, dass Sie sie auch erleben, wenn Sie Christ werden. Diese Dinge tragen Sie bitte oberhalb der rechten Waagschale ein.

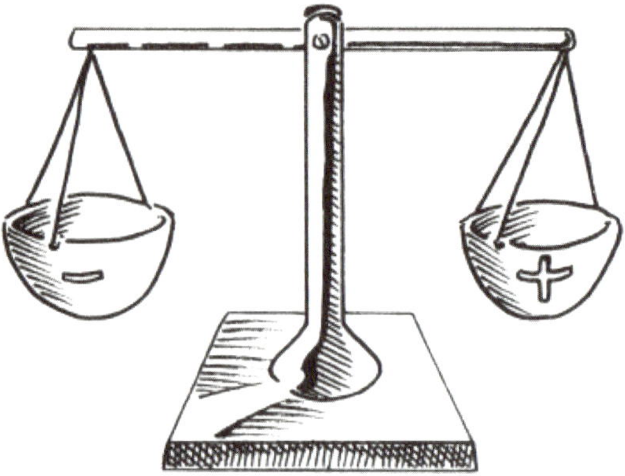

Ich rate Ihnen, bei dieser kleinen Übung zu sich selber ganz ehrlich zu sein. Lassen Sie sich Zeit. Es geht – in einem wirklich tiefen Sinn des Wortes – um Ihr Leben. Denn eines ist klar: Die gefülltere Waagschale entscheidet darüber, wie Sie sich entscheiden werden. Haben Sie den Eindruck, dass Sie mehr aufgeben oder ändern müssen, als Sie zurückbekommen, so werden Sie bis auf weiteres nein zu Christus sagen. Sind Sie aber überzeugt, dass »die paar Änderungen« gar nichts sind im Vergleich zu dem, was Gott Ihnen dafür schenken wird, so werden Sie Jesus Christus Ihr Leben geben. Zum Schluss möchte ich den englischen Dichter Oscar Wilde (1854-1900) zitieren. Mir gefällt sein folgender Ausspruch, auch wenn er ihn in einem anderen Zusammenhang machte. Oscar Wilde also hat gesagt: »Ich habe einen ganz einfachen Geschmack, ich bin immer mit dem Besten zufrieden.«

Ich wünsche Ihnen in Sachen Glauben diese Art Geschmack. Bleibt nur noch die Frage, was hier »das Beste« ist? Offen gesagt: Für mich KEINE Frage.